本书由中央高校基本科研业务费专项资金资助重点项目"民族传统体育赋能铸牢□□□力的视角"（项目号：CSZ22006）；中南民族大学"民族地区体育与健康"研究团队□□□铸牢中华民族共同体意识的研究"（项目号：KTS20027）；湖北省大学生创新创业训□□体育赋能铸牢中华民族共同体意识的研究"（项目号：SCX2023070；项目主持人：刘于夏；指导教师：于志华）；中南民族大学创新创业训练计划项目"三律融合赋能高校民族传统体育运动队团体凝聚力的研究"（项目号：XCX2023103；项目主持人：邓亮；指导教师：于志华）资助出版

民族传统体育提升团体凝聚力的
理论逻辑与实践路径

于志华 ◎著

哈尔滨出版社
HARBIN PUBLISHING HOUSE

图书在版编目（CIP）数据

民族传统体育提升团体凝聚力的理论逻辑与实践路径 / 于志华著. -- 哈尔滨：哈尔滨出版社，2023.8
 ISBN 978-7-5484-7642-9

Ⅰ. ①民… Ⅱ. ①于… Ⅲ. ①民族形式体育—体育文化—研究—中国 Ⅳ. ① G852.9

中国国家版本馆 CIP 数据核字（2023）第 235402 号

书　　名：民族传统体育提升团体凝聚力的理论逻辑与实践路径
　　　　　MINZU CHUANTONG TIYU TISHENG TUANTI NINGJULI DE LILUN LUOJI YU
　　　　　SHIJIAN LUJING

作　　者：于志华　著
责任编辑：刘　丹
封面设计：三仓学术
出版发行：哈尔滨出版社（Harbin Publishing House）
社　　址：哈尔滨市香坊区泰山路 82-9 号　　邮编：150090
经　　销：全国新华书店
印　　刷：武汉鑫佳捷印务有限公司
网　　址：www.hrbcbs.com
E - mail：hrbcbs@yeah.net
编辑版权热线：（0451）87900271　87900272

开　　本：787mm×1092mm　1/16　　印张：13.25　　字数：190 千字
版　　次：2023 年 8 月第 1 版
印　　次：2023 年 8 月第 1 次印刷
书　　号：ISBN 978-7-5484-7642-9
定　　价：76.00 元

凡购本社图书发现印装错误，请与本社印制部联系调换。
服务热线：（0451）87900279

前　言

　　民族凝聚力是提高国家竞争力的重要保障。民族传统体育在增强民族凝聚力方面发挥着举足轻重的作用，也是建设文化强国和体育强国的重要途径。本书首先阐释了团体、团体凝聚力和体育团体凝聚力的概念模型，梳理了团体凝聚力和体育团体凝聚力的历史逻辑、理论逻辑和实践逻辑；明确了体育团体凝聚力在促进大学生生理健康、心理健康、社会适应和道德健康方面的重要价值。然后，以体育团体凝聚力的概念模型为基础，从团体任务吸引力、团体社交吸引力、团体任务一致性及团体社交一致性四个方面，明晰提高体育团体凝聚力的应然之思。接着，以体育生态系统理论为指导，从"人、环境、体育项目"三要素入手，全面、系统地分析影响体育团体凝聚力的因素，厘清当前体育团体凝聚力的实然之困。此外，本书分析了民族传统体育在中华优秀传统文化中的重要地位及其在政治、经济、文化、生态方面的价值意蕴，民族传统体育被视为实现践行文化强国和体育强国的重要载体。最后，以具身认知理论为指导，从宏观的团体的环境和微观的个体"认知、情感、意志、行为"四个方面，结合民族传统体育的特点，提出提高体育团体凝聚力的适然之策，旨在为教育部门采取措施促进民族团结常态化、实现中华民族伟大复兴的梦想提供参考。

目 录

第一章　研究缘起 …………………………………………………… 1

第二章　团体凝聚力的研究 ………………………………………… 3

 第一节　群体、团体的概念与分类 ………………………… 3
  一、群体 …………………………………………………… 3
  二、团体 …………………………………………………… 6
  三、凝聚力 ………………………………………………… 10

 第二节　群体凝聚力 ………………………………………… 13
  一、群体凝聚力的概念 …………………………………… 13
  二、群体凝聚力的影响因素 ……………………………… 13
  三、组织凝聚力 …………………………………………… 14
  四、增强群体凝聚力的路径 ……………………………… 15

 第三节　团体凝聚力的研究 ………………………………… 15
  一、团体凝聚力的概念模型 ……………………………… 15

二、团体凝聚力的研究历程 …………………………… 19

三、团体凝聚力与个体心理健康的关系 ………………… 20

四、团体凝聚力的理论基础 …………………………… 22

五、团体凝聚力的三重逻辑 …………………………… 52

第三章 体育团体凝聚力的研究 …………………………… 65

第一节 体育团体凝聚力的概念及其特征 …………………… 66

一、体育团体凝聚力的概念模型 ……………………… 66

二、体育团体凝聚力的特征 …………………………… 69

第二节 体育团体凝聚力的发展模式 ……………………… 70

一、凝聚力的线性模式 ………………………………… 70

二、凝聚力的钟摆模式 ………………………………… 71

三、凝聚力的周期模式 ………………………………… 71

第三节 体育团体凝聚力的测量 …………………………… 72

一、问卷调查法 ………………………………………… 72

二、社会测量法 ………………………………………… 74

第四节 体育团体凝聚力的后效变量研究 …………………… 80

一、体育团体凝聚力对体育团体的影响 ………………… 80

二、体育团体凝聚力的个人效益 ……………………… 86

第五节 体育团体凝聚力的前因变量研究 …………………… 92

一、影响体育团体凝聚力的情境因素 …………………… 93

二、团体因素 …………………………………………… 114

三、人的因素 …………………………………………… 132

第四章　民族传统体育提升团体凝聚力之所以能、何以能与如何能……153

第一节　民族传统体育提高团体凝聚力之所以能……154

第二节　民族传统体育提高团体凝聚力之何以能：价值寻绎……155

  一、民族传统体育提高社交凝聚力……156

  二、民族传统体育提高任务凝聚力……157

  三、促进文化认同，提升民族凝聚力……158

第三节　民族传统体育提高团体凝聚力的践行向度……164

  一、优化环境……165

  二、团体因素……185

  三、人的因素……194

第五章　结语……204

第一章　研究缘起

当今世界正处于百年未有之大变局，"逆全球化"思潮的冲击、"霸权主义"思想的干扰，以及"冷战"思维的负面影响等因素导致国际政治局势动荡。苏联的解体、西班牙加泰罗尼亚自治区的"独立"、俄乌冲突等区域安全问题，新冠疫情等重大公共卫生事件，以及国内外分裂势力的蠢蠢欲动，都凸显了加强团结、提高凝聚力的重要性和现实紧迫性。我国作为一个多民族国家，增强民族凝聚力是提高国家竞争力的重要保障。处于民族伟大复兴新征途中的中华民族更需要实现民族团结进步的常态化，各民族在中华民族大家庭中像石榴籽一样紧紧抱在一起，团结一心，凝聚更加磅礴的合力。深化民族团结进步教育对于民族院校来说是一项重要任务，不同民族的大学生交往、交流、交融，共同学习和生活，对于巩固中华民族共同体意识而言具有重要意义。

大学生是国家建设和民族复兴的脊梁，是社会发展、国家富强和民族振兴的主力军。大学阶段是大学生价值观形成的重要时期，当前大学生群体中呈现自我中心的状况明显，集体主义思想淡化，共同体意识淡薄，出现了一种现象——"在一起的独处"（称为"群体性孤独"，Alone Together）[①]，即身体近在咫尺，心却远隔天涯。人际关系建立便捷与人际

---

① [美]雪莉·特克尔. 群体性孤独[M]. 周逵, 刘菁荆, 译. 杭州: 浙江人民出版社, 2014: 序言.

关系实质萎缩成为群体性孤独的一体两面，揭示出人们深陷于与其社会性本质相悖的"在一起"的时代问题。"群体性孤独"是个体与共同体之关系这一经典命题在互联网时代的延续与凸显，群体性孤独的特质及吊诡，不仅显示了现代人孤独的独特样态，更重要的是昭示了现代人的社会性存在危机，即我们不知道如何真正在一起。①

俗话说，"人心齐，泰山移"。东南亚朋友说，"水涨荷花高"。非洲朋友讲，"独行快，众行远"。欧洲朋友说，"一棵树挡不住寒风"。这些都说明一个道理：只有团结一心、合作共赢才能办大事、办好事、办长久之事。有意识地提高大学生的团体凝聚力，对学生当前和今后的发展都具有重要意义。民族院校是践行民族团结进步常态化的重要场域和坚强阵地，站在"两个一百年"奋斗目标的历史交会点，在高校教学中进行民族团结进步教育，提高大学生的团体凝聚力，有利于增强民族认同和国家认同，是提高中华民族团体凝聚力的关键。它是新时代中国特色社会主义建设发展的需要，也是实现民族复兴的必然要求和根本遵循，为学校教育部门和教师提供实践启示。

---

① 林滨，江虹. "群体性孤独"的审思：我们在一起的"独处"[J]. 中国青年研究，2019(4)：40-45.

第二章 团体凝聚力的研究

第一节 群体、团体的概念与分类

一、群体

（一）群体的概念

任何一种生物在进化过程中都会形成群体行为，并且依靠群体的力量才能生存和繁衍。生物只有以群体的形式出现，才能展示其内在的力量和价值。蜜蜂靠群体得以生存，候鸟靠群体得以成功迁徙，野狼靠群体得以捕获猎物，人类靠群体得以强大。人类之所以能从一般的动物中分化出来，成为万物的灵长，一个重要的原因就是在长期的进化过程中充分依靠群体的力量。人类社会在不同的发展阶段存在不同的社会阶级或阶层，即社会群体，社会的发展就是在社会各群体的相互作用中实现的。[1]

---

[1] 刘新东. 生态学视野下的群体分析 [J]. 石家庄铁道大学学报 (社会科学版)，2012, 6 (1)：27-31.

作为社会的人，我们生活在群体中，成员关系和群体参与是当今社会的基本特征。群体是由个体组成的具有独立属性的整体，是一个能够发挥多重作用、变化的整体。群体反映是事物的重要表现形式，是同类事物个体在特定时间和空间的协同。了解和研究事物形成群体后，在整体上所呈现的特征和属性，就可以在总体上认识和把握事物的走向和趋势。库尔特·勒温（Kurt Lewin，1890—1947）认为，凝聚与运动是群体的两个主要过程，凝聚使群体得以产生和存在，运动则使群体正常运转。

（二）群体的分类

为了某些社会原因或为了能够更有效地完成一些工作和任务，人们以各种各样的群体形式结合在一起。群体分为结构群体和非结构群体。

结构群体是指个体之间通过形成一定的结构形式，使彼此之间产生联系和协同，有序、互补、内敛和稳定是一般结构群体的基本特征。一个家庭、一个企业、一个团体乃至一个国家都是一个群体。在良好的结构群体中，个体的价值可以得到充分的体现。

非结构群体是指个体之间没有协同关联关系，一群互不相识的人偶然集聚在广场、旅游景点或旅行途中，属于非结构群体。在非结构群体中，个体的价值体现会受到很大的限制。

结构群体与非结构群体之间可以相互转化。同样数量的事物个体，正常的结构群体状态所显示的价值属性会明显高于非结构群体状态。发现和认识群体，进而了解结构群体和非结构群体之间的转化关系，是人类研究客观世界的重要方面。人们总是从发现和研究某种事物的非结构群体开始，进而深入研究该事物所形成的结构群体，开发出新的控制和生产技术，为人类服务。在一个大的结构群体中，可能还有其他层次的群体结构发挥作用，任何一种结构群体，不论其中还存在多少类型的其他群体结构，一定存在某种基本的群体结构单元，可以称之为基本结构群体，它具有独立的属性，对于其中的个体具有多方面的意义，任何一个充分大的群体所产生的作用都发源于基本结构群体。

（三）群体的研究历程

对群体的科学研究始于19世纪与20世纪之交的美国心理学家诺曼·特里普利特（Norman Triplett）的工作，他对单独工作与集体工作的效果进行研究，结果显示，在跑道上成群结队骑自行车比独自骑车速度更快，这被称为社会促进效应，因为其他人的存在促进（或提高）了绩效。[①] 早期的心理学研究旨在说明群体如何影响个人的表现或态度。虽然这是群体研究，但重点是个体，心理学家并没有把群体视为适合科学研究的实体。然而，这种观点在20世纪40年代发生了变化，勒温创造了"群体动力"一词，以表明他对群体作为研究单位的兴趣。勒温第一次严肃地对待群体的研究，而不是简单地研究群体对个体的影响，在研究方法、应用和关注点方面的创新仍然是当今群体动力学研究的重要内容。

（四）群体的四个基本特征

群体是指由若干个人组成的社会集合体，其规模大小可以不同，但是其内部关系具有较强的相互作用性。在社会学中，群体是一个非常重要的概念，它在社会生活中起着重要的作用。群体的形成和发展受到许多因素的影响，其中最为重要的是群体的四个基本特征，即相对稳定性、互动性、互相影响性和共性。

1. 相对稳定性

群体的相对稳定性是指群体在一定时间内保持相对稳定的状态，不会随着个体的离开而瞬间消失。这种相对稳定性是由群体所具有的一些内在因素所决定的，比如说群体的目标、价值观、行为规范等。这些内在因素

---

① Triplett N. The Dynamogenic Factors in Pacemaking and Competition [J]. American Journal of Psychology, 1898 (9)：507–533.

构成了群体的基本框架,使得群体能够在一定程度上保持相对稳定的状态。

2. 互动性

群体的互动性是指群体成员之间相互交流和互动的程度。在群体中,成员之间的互动是必不可少的,它可以促进群体内部的联系和协调,也可以加强群体的凝聚力。在群体中,成员之间的互动不仅是口头上的交流,还包括身体上的接触、肢体语言等方面的互动。

3. 互相影响性

群体的互相影响性是指群体内部成员之间相互影响的程度。在群体中,成员之间的思想、行为、情感等都会相互影响,有时一些不良的习惯或者行为甚至会迅速在群体中传播。因此,在群体中,成员之间的互相影响需要引起重视。

4. 共性

群体的共性是指群体内部成员之间存在一些共同的特点和利益。在群体中,成员之间可以因为一些共同的目标、价值观、行为规范等产生共性,这些共性可以促进群体内部的协调和合作,也可以增强群体的凝聚力。

总之,群体的四个基本特征是相对稳定性、互动性、互相影响性和共性。这四个基本特征是群体内部关系的基础,也是群体形成和发展的重要因素。只有深入了解这些基本特征,才能更好地理解群体在社会生活中的作用和意义。

从本质上来看,群体、团体和团队都是同义词,都是群体动力学中的重要概念。

二、团体

(一)团体的概念

在社会心理学中,团体(group)或团队(team)多指相对较小的群体，如公司、学校、合唱队、运动队、读书小组等所辖的小规模人群，而不是国家或地区等所辖的大规模人群。群体动力学（团体动力学，Group Dynamics）从团体的独特性和多样性视角，提出一系列团体的定义。"团体"（也称群体或小组）是指两个或两个以上的、有着共同目标而彼此间有互动合作的个体，在共同规范和目标的指引下，协同形成的一个人群集合体。团体是由个体成员组成的一个共同体，该共同体合理利用每一个成员的知识和技能等资源，彼此协同合作，解决问题，进而实现共同的目标。团体是在行为上有共同规范的一种介于组织与个人之间的一种组织状态，其主要特点是团体内成员之间在心理上相互联系、相互影响。

根据不同的分类标准，团体可分为正式团体和非正式团体、大型团体和小型团体、传统团体和虚拟团体等。

（二）团体的心理功能

团体具有以下三个方面的心理功能。

1. 归属感

归属感是指团体成员所具有的一种属于自己团体的感觉，落叶归根、家庭情感、民族情感等都是个人归属感的体现。

2. 认同感

认同感指的是团体成员对一些重大事件与原则问题的认识与团体的要求一致，个体往往把团体作为自己社会认同的对象，特别是情境不明确时的重要参考依据。

3. 社会支持

社会支持是指能借以获得各种资源支持（比如情感支持、信息支持和实质支持等）的社会网络，指个体从社会关系中所获得的支持，是个体发展和完善过程中必不可少的精神营养。团体认同感对于团体成员而言是一种很好的黏合剂，可以帮助团体成员之间更好地交流和沟通，提供良好的平台，使团队成员相互合作，减少或缓和矛盾，为了共同的目标而努力。研究发现，社会支持是促进个体社会化的重要因素，也是促进个体人格健全发展的重要因素，得到团体的社会支持是个体心理得以健康发展的重要条件。

（三）团体的发展过程

团体的发展过程主要包括组建期、激荡期、规范期、执行期和休整期。

1. 组建期

这个最初阶段主要是形成团体的内部结构框架，包括组建团体的意义、团体的任务、对团体成员的要求、成员角色的分工和团体的规模等。团体正在"形成"或"前从属"阶段，焦点在"依赖和纳入"这个问题上。团体成员会做出各种努力，同时，成员间也会发生各种冲突，成员将会体验到焦虑，会向团体领导者寻求关于合适行为的指导，会进行尝试性的自我暴露和分享。领导者的目标旨在教育成员（团体目的、规则和参与者的角色），建立信任和强调共性。

2. 激荡期

团体一旦建立后，将会进入以"反依赖和战斗"为特征的阶段，或围绕着"权力和控制"问题进行斗争的"暴风雨"阶段。这个阶段的主题为成员之间的激荡、成员与环境之间的竞争和冲突、新旧观念与行为之间的激荡，对团体安全的焦虑，以及领导者的权威。许多团体发展理论认为，这些围绕权威和地位的斗争对发展真正的凝聚力和合作是非常重要的。领导者的目标是安全、成功地解决冲突，激励团体凝聚力，促进人际间学习。

3. 规范期

这是行为规范的建立阶段，主要是"规范"或"亲密"，团体任务和工作过程出现一致意见。团体开始呈现信任、凝聚力和开放。领导者的目标旨在促进一个早期工作过程，干预反映出支持和面质之间的平衡。面质也称对质，是指咨询者当面指出来访者自身存在的情感、观念、行为的矛盾，是促使其面对或正视自身矛盾的一种语言表达方式。面质的目的是协助对方认识自我，消除过度的心理防御机制，正视自己的问题，激励对方妥善解决问题。

4. 执行期

主要是"执行"。"分化"或"工作"是以成熟和富有成效的团体过程和个体差异表达为特征的。团体有能力聚焦于执行工作的任务，且成员投入开放的反馈交流中。如果团体设置是有时限的，或某些成员准备在这个阶段"毕业"，幻灭或失望元素会出现。领导者的目标是允许团体在最富有成效的水平上运行，并强调尊重成员的个性。

5. 休整期

最后阶段是团体解散、休整、整顿，涉及结束问题，无论对于个体成员还是整个团体整体，与"解散"和"分离"有关的关注激起痛苦的情感，也激起在冲突、防御和成熟工作之间的摆动。成员对相互之间和团体体验的感激，伴随着努力准备将来不依赖团体，也是结束阶段的特征。领导者的目标旨在鼓励表达与告别有关的感受，并帮助关注到团体内未完成的事务。

我们生活在团体中，无论是联合国、国家，抑或是学校、家庭和社区，团体的力量会带给人们意想不到的效果，"合作""双赢"等这些词语正是由人与人之间的交互作用形成凝聚力而产生的结果。

有研究者提出，团体和团队（team）是相互区别、相互联系的。所有的团队都是团体，而并非所有的团体都是团队，团队与团体之间存在四个方面的区别。

（1）团队比团体合作程度更高，团队的本质就是协作与相互依存。

（2）团队的成员在技能上是互补的，大家需要分工合作，所以在技能上要多样化，各有所长。团队比团体更有强烈的身份认同。

（3）团队通常有一个正式的名字、明确的目标，所以团队成员有着更强烈的凝聚力和团队认同感。

（4）团队有更多的时间和资源，团队可能是为了某项特定的项目，或者工作目标而建立的，需要大量的经济支持和时间承诺。

团队精神是指团队成员为了团队利益与目标相互协作，尽心尽力做奉献的意愿与作风。团队精神是大局意识、协作精神和服务精神的集中体现，核心是协同合作，反映的是个体利益和整体利益的统一，并进而保证组织的高效率运转。团队精神体现在团队成员对团队有归属感和一体感，团队成员之间表现为互相尊重、互相协作与信任。团队成员对团队的工作态度上，主要表现为爱岗敬业精神；团队和团队成员之间的价值观上，主要表现为有共同的价值理念、价值判断标准；团队建设的重点是：群体的动力→个体的融入→角色和角色冲突→群体的规范，这四个阶段之间相互关联，需根据实际情况分阶段逐步进行。

目前，研究者从组织行为学、心理学等视角分析了"群体""团队""团体""小组"这些概念的区别和联系，认为这些概念的共同点都涉及共同体和凝聚力。

三、凝聚力

（一）凝聚力的发展历程

凝聚力又称"内聚力"，由拉丁语中的 Cohaesus 演变而来，意思是"黏合在一起"。最初，凝聚力被定义为"使成员留在群体内部的各种因素的合力"[①]。

勒温认为，群体结构可以从规模、规范和吸引力三个方面来考察。其

---

① Ingraham L H, Manning F J. Cohesion: Who needs it, what is it and how do we get it to them? [J]. Military Review, 1981, 61 (6): 2–12.

中吸引力（即凝聚力）是一种正能量，是作用于集体成员的心理力量，它是使群体成员转向群体内部的力量（正的诱引力），可以将群体成员各自的心理力量集中转化为群体整体的内部力量。心理学家利昂·费斯汀格（Leon Festinger，1919—1989）的定义影响最为广泛，他将凝聚力定义为"作用于团队成员，并使成员愿意留在团队内的各种作用力的总和"。凝聚力主要包括四个因素：亲和、安全需求，群体的资源及群体目标，成员对群体有益及重要结果的期待，本群体与其他群体相比的优势。① 他认为，对凝聚力研究的主要方向是群体成员对自身与群体关系的感知，因为成员的感知决定了其是否愿意留在群体中。由此可以看出，勒温强调从个体的角度来研究凝聚力。在进一步的研究中，费斯汀格把视角延伸至群体，认为群体中的成员可以通过各种方法组织起来，有明确的目标和价值，通过凝聚个体的意志力形成统一的力量，构成强大的向心力，作用于群体目标，并最终实现群体目标，这种向心力就是群体凝聚力。② 后来，研究者陆续提出诸如安全感、归属感、友谊、成就感等各种群体因素来充实"合力"的内容。

在 20 世纪 50 年代，心理学家费斯汀格等人（Festinger L，Schachter S，Back K）认为，凝聚力有三个构成要素，首先是团体成员的相互吸引力，其次是团队任务和目标的吸引力，最后是进入团体中所获得的威信。③

20 世纪 60 年代开始，研究者对团队凝聚力的研究主要集中在分析个体或个体与团队之间的相互吸引程度上。在此之后，韦斯蒂和赫蒙弗尔认为，凝聚力是成员集体团结工作和在工作状态中发挥整体作用的能力。巴克（Back）认为，凝聚力是让人们团结在一个群体中的情感，是使成员对

---

① 库尔特·勒温. 拓扑心理学原理 [M]. 北京：北京大学出版社，2011.

② Festinger L, Schachter S, Back K. Social Pressures in Informal Groups: A Study of Human Factors in Housing [M]. Stanford, C A: Stanford University Press, 1950.

③ Festinger L, Schachter S, Back K. Social pressure in informal Groups: A study of a Housing Project [M]. New York, NY: Harper. Ellis, A, 1950.

自己团队中的成员比非本团体的另外一些人感到更亲近的情感。

20世纪80年代以后，学者对团队凝聚力的研究又有了新的进展，弥补了研究内容的不足，使团体凝聚力的研究内容与方向更趋向于统一规范。1982年，卡伦（Carron）等人将凝聚力定义为"反映一个群体在追求其工具性目标和目的的过程中和（或）为了满足成员的情感需要，团结在一起，保持一致倾向的动态过程"[1]。我国的学者近年来也对凝聚力进行了一定的研究，张忠秋认为，运动团队凝聚力集中反映了一定团队成员在目标、情感和行为上的综合力量。马启伟等人认为，团队凝聚力是团体所有成员之间心理结合力的总体反映，表现出团体团结的力量，同时也表现出团队个人的心理感受。凝聚力是团队个体成员力量汇总在一起的能力，它包含了团队集体的目标和任务，这是激励团队吸引个体与之共进的决定力量。其次是个体成员之间的交往感情，它是个体成员的心理感受与其他成员间的感情支持。

（二）凝聚力的来源

凝聚力（Cohesiveness）的来源有三条纽带：物质纽带、感情纽带和思想纽带。感情纽带和思想纽带属于文化范畴，需要文化和价值观理念去引导人、管理人、凝聚人心。

（三）凝聚力的研究趋势

对凝聚力的研究是一个有意义的经典主题，具有显著的理论和实践研究价值。已有研究呈现出从个体到群体再到组织的发展特征，从个体层面看，凝聚力体现在个体的归属感及对领导的认同；从群体层面看，凝聚力表现为团队成员的合作及群体中的人际关系和社会网络；从组织层面看，凝聚力是成员对组织目标与价值的认同，组织对成员提供支持和资源等。[2]

---

[1] Carron A V. Cohesiveness in Sport Groups: Interpretations and Considerations [J]. Journal of Sport Psychology, 1982, 4 (1): 123–138.

[2] 李海，张勉. 凝聚力的结构、形成和影响——一个研究述评 [J]. 经济管理，2008 (7): 47–51.

凝聚力具有一个有趣的特性，它可以适用于从团体、群体、部门、独立组织、集体组织、正式组织和非正式组织等，直至民族、国家等不同社会群体层次，同时保持概念内涵基本不变，因而具有广阔的应用领域和前景。

第二节 群体凝聚力

一、群体凝聚力的概念

霍利·怀特（Whyte）正式提出了"群体凝聚力"[①]的概念。心理学家利昂·费斯汀格（Leon Festinger）认为，群体内存在统一的意志力量，能够有效聚合或吸引成员共同付诸努力，使组织合理完成群体任务。[②]1982年，卡伦提出，群体凝聚力是指"由群体内各成员相互依赖而紧密结合，共同追求组织目标和实现任务诉求的动态化过程"，并构建了"前置致因—群体凝聚力—后置结果"的经典理论模型。

二、群体凝聚力的影响因素

洛特（Lott）等指出，凝聚力来源于个体情感，但受群体的性质与任务、成员之间的合作程度、群体对成员的接受、领导行为、群体的外部威胁等因素的影响。[③]

---

① Whyte W H. Street Corner Society [M]. Chicago: University of Chicago press, 1943: 120-122.

② Festinger L, Schachter S, Back K. Social Pressures in Informal Groups: A Study of a Hausing Project [M]. New York: Harper & Bros, 1950: 35-40.

③ 刘敬孝,杨晓莹,连铃丽. 国外群体凝聚力研究评介 [J]. 外国经济与管理, 2006, 28 (3): 45-51.

三、组织凝聚力

在群体凝聚力的基础上,西博尔德(Siebold G L)提出了含有组织凝聚力的概念。他认为,凝聚力是"组织中社会控制机制能够有效运作以实现其目标的程度"[1]。罗宾斯(Robbins)提出,"组织凝聚力是群体成员之间相互吸引并愿意留在组织中的程度"[2]。他认为组织的凝聚力来源于成员与成员之间、成员与领导之间的相互吸引和对组织目标及组织共同特征(如血缘、文化、阶层目标等)的认同。从这些定义的演变可以看出学者们的关注点由个体到群体再到组织的发展脉络。

刘雪梅等认为,组织凝聚力是组织成员团结一致,追求共同目标的动态过程,它在降低组织人员之间的摩擦、冲突中起着"润滑剂"的功能。组织为员工的辛勤付出提供合理的报酬等硬环境与公平的工作氛围等软环境,体现了组织的互信共赢原则,有助于形成组织的凝聚力。[3]孙美佳[4]、张汉鹏[5]等,分别从员工个人及组织团队视角发现组织公平氛围对组织凝聚力的形成与保持有显著的促进作用。自我认知理论认为,当员工个人无法实现的需求能够通过组织实现时,就会对组织产生公平和信任感,并能够提高组织的凝聚力,作为对组织的回报。而组织营造公平氛围的努力是增强组织凝聚力的重要基础,当员工认为所在组织人员关系融洽时,会加强彼此的互动交流,具体表现为为组织工作而感到自豪,从而产生更强的

---

[1] Siebold G L. The Evolution of the Measurement of Cohesion [J]. Military Psychology, 1999, 11 (1): 5–26.

[2] 杨守建. 共青团组织凝聚力研究 [J]. 中国青年研究, 2009 (12): 4–8.

[3] 刘雪梅, 赵修文. 关系绩效与离职倾向的实证研究: 以团队信任为中介变量 [J]. 科研管理, 2013, 34 (3): 93–98.

[4] 孙美佳, 崔勋. 组织公平与组织信任的文化特质性及其对中国企业凝聚力形成的影响 [J]. 管理学报, 2013, 10 (10): 1462–1469.

[5] 张汉鹏, 李文勇, 高春燕, 等. 团队层面凝聚力对公平氛围—研发绩效关系的中介作用分析 [J]. 研究与发展管理, 2014, 26 (4): 42–55.

向心力和凝聚力。在凝聚力强的组织中，成员之间的认同度和信任度较高，乐于分享彼此的情感和想法，工作协作程度和工作效率均较高。[①] 王兆证等基于社会认同理论，构建了团队认同对组织公民行为的作用模型，对团队认同、团队凝聚力与组织公民行为的影响路径和作用机理进行了研究，讨论了团队凝聚力的跨层调节作用机制。[②] 刘电芝等认为影响团队凝聚力的因素主要包含团队规模、其他团队的威胁与攻击、成员的需求及成员的满意度。[③]

四、增强群体凝聚力的路径

勒温等人发现，增强群体的凝聚力是群体抵抗分裂的方法，具体途径有三种：增加群体成员之间的吸引力，加大个人求助群体资格的动力强度，以及调节个人目标与群体目标间的冲突。[④]

第三节 团体凝聚力的研究

一、团体凝聚力的概念模型

巴克从情感维系的角度提出，团队凝聚力就是使个体聚集到一个团体的

[①] 王站杰，买生，李万明. 组织公平氛围对员工离职意愿的影响——企业社会责任被中介的调节效应模型 [J]. 科研管理, 2017, 38 (8)：101-109.

[②] 王兆证，彭纪生，王洪青. 公务员组织公民行为的影响机制研究——以江苏监狱系统为例 [J]. 南京社会科学, 2017 (8)：114-120.

[③] 刘电芝，疏德明. 团队凝聚力的影响因素及其培育措施 [J]. 现代管理科学, 2008 (5)：34-35.

[④] 薛驰. 北京市高校男排群体凝聚力影响因素的调查研究 [D]. 北京：北京体育大学, 2016.

情感维系，简言之，就是一种能使团队内部成员更有归属感或者与其他外部成员相比更有亲切感的情感。[1] 多温·卡特赖特（Dorwin Cartwright）认为，凝聚力是群体成员渴盼留在群体中的程度。[2] 贾尼斯（Janis）指出凝聚力是个体重视作为团体一分子的身份象征，且期望自身长期作为团体的一员。[3] 同年，卡伦将凝聚力定义为团队成员为了整体的目标和任务而团结一致，共同努力实现期望的过程。[4] 亨利（Henry）将凝聚力归结为由对团队整体的认同表现出的，通过情感一致性、行为一致性和任务一致性三个维度。[5]

凯西·坎贝尔（Casey Campbell）认为凝聚力使团队成员倾向于建立一种社会关系，有利于成员的立场一致并保持统一。[6] 洪海·莉（Hayley Hung）在研究凝聚力背景下的团队行为时指出，团队凝聚力是保证任务导向的团队顺利运行的必要条件。[7]

团体凝聚力（Group Cohesiveness）是基于团队目标、团体成员共同的利益和价值观，在团体内部个体成员之间形成的团体对成员的吸引力，以及成员之间相互吸引力的总和，也就是团体全体成员对团体的向心力。

许多学者认为，团体凝聚力会直接影响团体成员的态度和行为。我国学者认为，在凝聚力高的团队里，成员之间感情更深厚，在工作中的协作

---

[1] Back K W. Influence through social communication [J]. Journal of Abnormal and Social Psychology, 1951 (46)：9–23.

[2] Cartwright D. The Nature of Group Cohesiveness [M] //D. Cartwright & A. Zander (Eds.), Group Dynamics: Research and Theory, 3rd ed. London: Tavistock Publications, 1968: 91–109.

[3] Janis I L. Groupthink [M]. Boston: Houghton Mifflin, 1968.

[4] Carron A V. Cohesiveness in Sport Groups: Interpretations and Considerations [J]. Journal of Sport Psychology, 1982 (4)：123–138.

[5] Henry K B, Arrow H, Carini B. A tripartite model of group identification theory and measurement [J]. Small Group Research, 1999, 30 (5)：558–581.

[6] Casey-Campbell M, Martens M L. Sticking it all together: A critical assessment of the group cohesion-performance literature [J]. International Journal of Management Reviews, 2009, 11 (2)：223–246.

[7] Hayley H. Estimating Cohesion in Small Groups Using Audio-Visual Nonverbal Behavior [J]. IEEE Transactions on Multimedia, 2010, 12 (6)：563–575.

和配合程度更高，对组织具有更强的满意度和归属感。[1]

团体凝聚力又称团体内驱力、团体内聚力，是指团体成员之间心理结合力的总体，是团体对成员的吸引力和成员对团体的向心力，以及团体成员彼此之间的吸引力的紧密程度综合形成的使成员固守在团体里的内聚力量。团体凝聚力是团体在追求目标的过程中和（或）为了满足成员的情感需要，团结在一起、保持一致倾向的动态过程。团体凝聚力既是表现团体团结力量的概念，又是表现个人心理感受的概念，这种个人的心理感受又进一步表现为以下三个方面。

（1）认同感（Perception of Identification）

认同是一种情感的传递、被他人同化、同化他人的过程。实践证明，认同是团体凝聚力的心理基础，主要从对团队目标、团队领导和团队规范的认同三方面将团体成员的认同感表现出来。团体成员对重大事件与原则问题保持共同的认识与评价，认同感往往互相影响，且常常是潜移默化的，尤其是当个人对外界情况不明或个人情绪焦虑不安时，团体成员之间的相互影响更大。

（2）归属感（Perception of Affiliation）

归属感是指团体成员在情绪上融为一体，作为团体一员所具有的"我们"和"我们的"这种心理感受。团体成员与团体荣辱与共，从感情上爱护自己所属的这个群体。

（3）力量感（Perception of Strength）

力量感是指团体成员在依靠团体、得到支持和完成任务的信心方面的心理感受。在团体凝聚力高的情况下，当一个人表现出符合团体规范和团体期待的行为时，团体就会给予赞许和鼓励，以支持其行动，使其行为得到进一步的强化，使其信心更足，决心更大。[2]正如歌曲《团结就是力量》

---

[1] 柯丽菲，黄远仪，柯利佳.工作团队凝聚力、组织公民行为与工作绩效关系——基于服务性企业的实证研究[J].财经问题研究，2007 (2)：93–97.

[2] 张力为，毛志雄.运动心理学[M].北京：高等教育出版社，2007.

中的歌词："团结就是力量，团结就是力量。这力量是铁，这力量是钢，比铁还硬，比钢还强。"

总而言之，团体凝聚力表现在知、情、意三个方面，认同感对团体成员的认知给予知识和信息，归属感是团体成员情感上的依据，力量感则给团体成员以力量，使团体成员的活动坚持不懈。[1]

社交和任务是团体之所以凝聚在一起的原因，基于此，团体凝聚力被分为社交凝聚力和任务凝聚力。团体凝聚力由伊万斯（Evans）及贾维斯（Jarvis）于1980年提出的社交性凝聚力和海克曼（Hackman）在1976年提出的团体任务性凝聚力组成。[2]

任务凝聚力通常是指团体中的成员为了达到某一特定的任务而在一起工作从而所做出的努力程度，是个体对团体任务达成的承诺或形成的团体任务或目标对团体的吸引，使得团体成员为实现团体任务和团体目标团结在一起做出努力的程度，它是与完成团体目标和成绩指标相联系的。

社交凝聚力是指团体成员之间相互喜欢、青睐，以及彼此之间愉快地交往的程度，是团体内部成员之间所产生的相互吸引、相互赞赏或者团体成员对团队整体的强烈喜欢，进而使得团体成员愿意成为团体一员的程度，它往往会涉及很多因素，例如友谊、社会支持和人际关系等影响因素。

所有团体的目标都是复杂多变的。因此，团体凝聚力也应该是多维度的。卡伦等人提出了体育团体凝聚力的概念模型，包括团体任务吸引力、团体社交吸引力、团体任务一致性和团体社交一致性。

团体任务吸引力：每一个团体成员就其自身对团体任务和目标的投入程度的感知。

团体社交吸引力：每一个团体成员就团体对其接受程度及社交关系的

---

[1] 时蓉华. 现代社会心理学 [M]. 上海：华东师范大学出版社，1998.

[2] 王庆宝. 团体凝聚力对高校龙舟队员满意感的影响：运动激情的中介作用 [D]. 武汉：华中师范大学，2018.

感知。

团体任务一致性：每一个团体成员对运动队作为一个整体，围绕团体任务的相似性、亲近性的感知。

团体社交一致性：每一个团体成员对运动队作为一个整体，围绕团体社交的相似性、亲近性的感知。

二、团体凝聚力的研究历程

关于团体的理论，可以追溯到团体动力学。在勒温开创的团体动力学（群体动力学）中，凝聚力处于核心地位。勒温在1939年发表的《社会空间实验》一文中首次使用了"团体动力学"这个概念，借以表明他要对团体中各种潜在动力的交互作用、团体对个体行为的影响，以及团体成员间的相互依存关系等做一种本质性的探索。团体动力学主要包括五个方面的内容：团体内聚力，团体成员之间的相互影响力，领导方式与团体生产力，团体目标与团体成员动机，以及团体的结构性。

此外，勒温还根据团体动力学的理念进一步研究了领导风格类型与团体绩效的关系。结果发现，团结力是使某一团体稳定并抗拒分裂的重要力量。在专制型领导的团体中，权力集中在领导者个人手中，强调指挥与服从，在领导者的严格监督下，群体实现了工作目标，但当领导离开时，绩效就开始下降；并且群体成员的消极态度和对抗情绪显著增强，群体中不断发生争吵和挑衅行为，氛围更加紧张。在放任型领导的团体中，权力定位在群体中的每一个人手中，这种领导方式注重无为而治，领导者既不把持决策权，也不对决策的执行过程及对工作人员进行检查和监督。群体只达到了社交目标，而没有达到工作目标，产品的数量和质量都很差。在民主型领导的团体中，成员的客观态度更多，积极性更高，总是努力进行合作，并越来越强调提供与寻求合作，表现为"我们需要"，而不是"我需要"；

成员表现得更为成熟主动，有更高的责任心，并富有创造性；团体的结构更稳定，成员的情感和目的得到更大的发展；部属高度参与管理，在决策过程中吸收被领导者参加，决策的执行采取分权的方式进行。这种领导方式下的团体工作绩效最高。

另外，那个时期的美国大环境也促进了团体动力学的发展。第二次世界大战和经济萧条造就了美国人当时的社会心态，反映了当时的整个社会氛围。当时的人们都希望在集体中感受到归属感和安全感，人们将家庭和社团当作战乱以后社会生活复兴的主要支持。一种信念广泛地被人们所接受：一个社会的完整性取决于一个群体的作用，而科学的方法可以用来改善一个群体的生活。这样的社会需求和社会支持是团体动力发展和繁荣的主要原因。自1945年勒温在马萨诸塞理工学院创办团体动力学研究中心以来，团体动力学无论在理论研究上还是在实际应用上都得到迅速发展，推动了美国社会心理学的研究。

今天，作为一个科学领域，团体动力学提供有用的信息来改善团体的运作。团体动力学研究诸如团体气氛、团体成员间的关系、领导作风对团体性质的影响等团体生活的动力方面的社会心理学分支，研究内容还包括团体的形成、维持、发展，团体与个体的关系，团体的内在动力，团体间的冲突，团体行为等。

三、团体凝聚力与个体心理健康的关系

团队凝聚力与团体成员的心理健康密切相关。大学生在学校的集体生活中必然要与由同学和老师所构建的群体发生联系，而生活在不同的集体中，大学生个体也会受所处集体环境的影响，呈现出不同的心理和行为特征。有研究者采用社会测量问卷和自评症状量表，对在校大学生进行了测量，结果发现：群体凝聚力的高低会对大学生的心理状态产生重要影响，低群体凝聚力班级的大学生通常会更多地表现出焦虑、偏执或精神病性。

凝聚力高的群体，其成员在参加群体活动中会感受到安全感、责任感、亲情和友谊、关心与支持。当某个成员取得成功或遭受失败时，其他成员会通过劝说、安慰等方式帮助其消除自卑、焦虑和抑郁等心理障碍，使其恢复正常的心理状态。而当成员取得成功时，群体会给予赞许和鼓励，以支持其行为，从而使个体信心更足，有助于个体的成熟。凝聚力强的群体内，各个成员对一些重大的事件和原则问题，会保持共同的认识和评价，因而个体的世界观、价值观也会与群体的世界观、价值观保持一致。这种认同感往往会在群体内部潜移默化地相互影响。在凝聚力高的集体中，成员有着积极乐观的心理氛围，保持良好的心境。在这种氛围下，人际关系融洽，心情舒畅，不会受到心理干扰，因此也就不会有敌对、偏执和焦虑等情绪的出现。相反，在低凝聚力的集体中，往往缺乏良好的心理环境，成员之间相互设防，关系紧张，矛盾重重，貌合神离，钩心斗角，导致心理紧张和焦虑。在学校，低凝聚力的班集体中的个体，在取得成功时会遭到其他成员的排挤或中伤，而被孤立起来。而个体在受到如此冷遇后，就会表现出对其他成员的敌对情绪，孤独使得性格趋向偏执，从而出现精神病病征。团体凝聚力之所以能够影响大学生的心理健康，是因为高凝聚力群体给个人以感情依托（归属感），对个人的认知给予知识和信息的支持，同时还给个人以力量（力量感），使个人的活动能坚持不懈；而低凝聚力群体，会失去一些先进的社会规范和正确的理论导向，错误的导向就会影响到个体的某些价值观和道德观，致使个体成员表现出高度的焦虑和抑郁，对群体充满敌对情绪，从而影响其心理的健康发展。[①]

提高大学生的团体凝聚力，可以为其提供一个良好的心理成长环境，对促进大学生心理健康具有重要意义。凝聚力对个体心理健康有促进作用。[②] 较高的凝聚力水平能够显著降低个体的内在压力，提升其心理健康

[①] 马春林. 群体凝聚力对大学生心理健康影响的研究 [J]. 四川体育科学, 2006 (2): 50-52.

[②] 乔红霞. 军人心理健康的特点及其与凝聚力、领导行为的关系 [J]. 军事政治学研究, 2014 (4): 94-105.

水平。①② 例如，在心理韧性上，有研究表明，凝聚力的情感维度能够为处于群体中的成员在面对压力事件时提供相应的情感支持。③④ 由此看来，团体凝聚力和个体心理健康之间有着重要关系，因此，作为团体资本的凝聚力水平与个人的心理资本的各个维度之间存在着交互作用。

四、团体凝聚力的理论基础

团体凝聚力是一个团体或组织在为实现目标、完成任务的动态过程中团结起来、保持密切一致的倾向性。勒温坚信"没有什么比一个好的理论更实用"⑤，因此，厘清团体凝聚力的理论基础，将理论应用于实践，是提高团体凝聚力的关键。

（一）格式塔心理学

所谓格式塔是德语"Gestalt"的译音，即"完形"，其认为学习的过程不是尝试错误的过程，而是顿悟的过程，即结合当前整个情境对问题的突然解决。格式塔心理学（Gestalt Psychology）又称完形心理学，是西方现代心理学的主要学派之一，诞生于德国，后来在美国得到进一步发展。该

---

① Martin L R, Durand D B. Psychological and Physical Health Effects of Sexual Assaults and Nonsexual Traumas Among Male and Female United States Army Soldiers [J]. Behavioral Medicine, 2000, 26 (1): 23–33.

② Williams J, Bobert J M, Bray R M, et al. Unit Cohesion, Resilience, and Mental Health of Soldiers in Basic Combat Training [J]. Military Psychology, 2016, 28 (4): 1–10.

③ Sinclair R R, Britt T W. Building Psychological Resilience in Military Personnel: Theory and Practice [M]. Washington: American Psychological Association, 2013.

④ 王永军，王乾宇. 群体凝聚力、心理韧性与军校学员心理健康的关系 [J]. 职业与健康，2019, 35 (7): 951–953.

⑤ Lewin K. Field Theory in Social Science: Selected Theoretical Papers (Edited by Dorwin Cartwright) [M]. New York: Harper & Row, 1951.

学派的创始人是德国心理学家韦特海默（M.Wertheimer，1880—1943），代表人物还有沃尔夫冈·柯勒（Wolfgang Kohler，1887—1967）和库尔特·考夫卡（Kurt Koffka，1886—1941）。该学派既反对美国学说，也反对行为主义心理学的"刺激—反应"公式，主张研究直接经验（即意识）和行为，强调经验和行为的整体性，认为整体不等于部分之和，意识不等于感觉元素的集合，行为不等于反射弧的循环，主张以整体的动力结构观来研究心理现象，注重人格和人的社会心理世界的探索。一个格式塔系统既具有动力性，也具有结构性。

图 2.1　格式塔理论图

（二）勒温的场动力理论

勒温继承并发展了格式塔心理学，形成了具有特色的"场心理学"。他认为任何一种心理活动或过程，都必然发生在一种特定的心理环境（或称为心理场）之中。一个场就是一种动力的整体，或者说是一种系统，其中任何一部分都会对其他部分产生影响。勒温认为，为了理解或预测行为，就必须把人及其环境看作一种相互依存因素的集合，并称为个体的生活空间（Lifespace）。也就是说，生活空间包括人与环境，行为发生在这种生活空间之中，它既是人与环境的函数，也是生活空间的函数。生活空间以对人的行为发生实际影响者为存在标准，将主体和客体融合成一个共同整体，并表现着整体所具有的格式塔性，即其中任何一部分的变化都必将引起其他部分的变化。①在勒温的动力心理学思想中，人与环境是密切相关的，他的心理紧张系统既包括了人与环境的关系，也包括了紧张与目标的相互作用。②

勒温指出，凡是研究涉及人的行为相关的事实时，都不能局限于事实本身的研究，要对个体的心理需求进行分析，深入研究个体与事实之间的相互作用。勒温提出了非常著名的场动力理论，其中诠释了两个最经典的概念，也是场动力理论最具代表性的思想，即生活空间理论和心理紧张系统，突出地体现了场动力理论的整体动力观思想。

1. 生活空间理论

生活空间理论的概念：勒温认为，人是一个场（field），个体和对其行为发生影响的所有环境之间形成一个心理场，人的心理活动是在一种心理场或生活空间里发生的。生活空间（Lifespace，简称Lsp）包括个人（Person，P）及其心理环境（Environment，E）。这样，勒温的人类行为基本公式就是：B=f（P·E）。B（Behavior）代表个人行为的方向和向量，行为是随着人与环境这两个因素的变化而变化的。这个概念说明影响人行为的事实并非客观存在的全部事实，而是指在一定时间、一定情境中实实在在具体影响一个人行为的那一部分事实。P表示具体的个人因素，代表个人的内部动力。f（function）代表某个函数关系。E代表环境的刺激，是指全部的对个体的行为产生影响的环境因素。勒温特别强调了生活空间中环境的指代意义，同一个人在不同的环境中会出现不同的行为，不同的人处在相同的环境中也会出现不同的行为，甚至同一个人在同一环境的不同情况下也会表现出不同的行为。

一个人的行为（B）发生在个体的生活空间之中，取决于个人（P）和

---

① 勒温.解决社会冲突[M].纽约:哈珀-罗出版公司,1948.

② 刘九林.当代社会心理学中"勒温传统"的内涵及影响[J].菏泽学院学报,2005,27(3):88-92.

他的环境（E）的相互作用，它既是人与环境的函数，也是生活空间的函数。

勒温指出，团体的本质在于其各成员间的相互依赖，这种相互间的依赖关系决定着团体的特性。个体和他的情境构成了心理场，与此相同，团体和团体的情境就构成了社会场；个体的行为主要由其生活空间内各区域间的相互关系决定，团体的行为也主要由团体的社会场中各区域的相互关系所决定。团体内存在着对抗和内聚的力量，两种力量时刻进行着斗争，一个良好的有生命力的团体必须要有较强的内聚性才能防止团体的分裂。

在勒温的系统中，"场"不仅仅指知觉到的环境，而且还包括认知意义。它既包括物质环境中的某些事件（即被知觉到的物质环境），也包括个人的信念、感情和目的等。简言之，勒温探讨的是认知场和知觉场，他认为"场"是一种分析关系的起因和建立科学体系的方法。

生活空间理论的观点：生活空间以对人的行为发生实际影响为存在标准，将主体和客体融合为一个共同整体，并表现着整体所具有的格式塔性，即其中任何一部分的变化都必将引起其他部分的变化。这样，场的意义充分体现在生活空间中，并通过勒温的努力而延伸到社会空间，成为勒温传统的社会心理学理论的基石。

生活空间理论的实践应用：勒温的场论旨在预测个体的动机行为。他认为，答案就在"生活空间"这个概念中。如前所述，生活空间包括个体及他的心理环境，生活空间是"决定个体在某一时间里的行为的全部事件的总和"。对生活空间的理解，关键在于如何理解"心理环境"这个概念。心理环境包括影响某个个体行为的世界。因此，这个个体没有觉察到的、因而对他的行为没有影响的客体不在他的心理环境之内，尽管从物质上来讲，这些客体可能离他很近。同样，个体认为某个东西的存在而做出行为反应，那么即便这种东西在物质上是不存在的，它也是在他心理环境之内的东西。例如，一个小孩以为有一只老虎在他床上，并做出惊恐的反应，那么这只"老虎"就是他心理环境的一部分，尽管其他所有人都坚持认为这纯粹是幻觉。

2. 心理紧张系统

勒温认为，一个人的动机行为是由其"心理生活空间"决定的。"心理生活空间"是指在某一时刻影响个体行为的各种事实的总体，既包括人的信念、感情和目的等，即个人内在"心理场"，也包括被知觉到的外在环境，即外在"环境场"。在勒温的场动力理论中，"场"是具有动力性和交互性的，并非一直静止不动，只要人内在"心理场"存在需求，就会产生内部力场的张力，即"紧张系统"。心理紧张系统（Mental Tension System）是指当个体对某一事物或活动有所需求时，便产生一种紧张的心理系统或心理状态，使个体产生未得到满足的不安，并形成一种力求实现满足的心理动力，直至此种需求得到满足，紧张才能解除。[①]

人体动力的产生源于人自身内部心理紧张系统的释放，在此过程中，环境起着导火索的作用。勒温将心理紧张所产生的张力称为"引拒值"（亦称诱发力，指个人生活空间中一个物体、事件、人、目标、区域等所具有的心理值，可以用"正"或"负"分别指被回避的与被寻求的事物的诱发力）。正引拒值具有吸引力，负的则具有排拒力，"心理场"需求的强度越大，与该需求有关目标引起的正引拒值也会越大，而引拒值增加又会反过来影响需求的强度。个人所处的区域与周围区域不平衡时，人就会产生一种紧张的自我意识，比如说此时人有一种口渴的自我意识，个体意念中的环境（有水的区域S1）对人产生一种正向诱导力，驱使个体的寻水行为向着有水的区域移动，最终到达S1区域，达到解渴的目标，这时心理紧张解除，但没水的区域S2作为当时个体意念中所厌恶的环境，对个体产生一种负向诱导力，是个体的寻水行为向S1区域移动的障碍，阻碍心理需要的满足。

综合勒温的场论基本观点，个体的心理及行为都会受到整个环境和团体人员的影响。勒温提出：团体的本体在于组成团体的个体之间的互相依存，而不是他们的差距和类似。也就是说，团体的结构是由团体成员的关系决定的，而不是由个体成员本身的性质决定的。无论我们处于怎样的团

---

① 林崇德. 心理学大辞典(下卷)[M]. 上海：上海教育出版社，2003.

体中，让我们投身团体，感受团体间的力量。①②

勒温的场动力理论具有以下特点：动力观、整体观、系统观、心理取向、整合倾向、建构法和数学表达，场动力理论的特点基本上就是勒温心理学的主要特征。

（三）小组动力学理论

1. 小组动力的概念

小组是人们生存和满足各种欲望的基本形态。人类家庭、家族、部落、社区、国家、政府、工作场所、学校、娱乐等多以小组的方式存在和进行。在小组过程中存在各种因素和力量的相互关系，小组动力学就是描述这些相互关系的理论。小组动力这一概念最早由美国心理学家勒温于20世纪30年代提出，用以说明小组成员在小组内的一切互动过程与行为现象。其研究内容包括小组的形成、维持、发展，小组内部的人际关系，小组与个人的关系，小组的内在动力，小组间的冲突，领导方式对小组的影响，小组行为等。勒温始终强调，小组是一个动力整体，应该把小组的每个部分放在整体中进行研究。

小组并非静止不动，而是不断变化、拥有生命的组织。以往，我们常将小组动力认为是促进小组发展的力量，其实小组当中的危机、冲突等也是小组动力的重要组成部分。小组动力在很大程度上取决于对小组过程中所含的情境机会的把握，归根结底是一种小组文化的建设。

2. 小组动力的影响因素

影响小组动力的因素包括静态和动态两方面。静态方面包括机构、小组特性、领导者的个人特点、小组成员四个部分；动态方面包括小组的领导方式与形态、小组气氛和凝聚力、成员的参与、沟通模式、冲突和冲突

---

① 张菁. 团体动力学理论在班级管理中的运用之研究 [D]. 苏州：苏州大学，2015.
② 熊姣. 应用勒温的场论思想营造初中化学课堂教学情境场的研究 [D]. 黄石：湖北师范大学，2016.

的解决模式、小组成文和不成文的规范、小组的决策过程、问题解决过程等。杨极东通过其小组动力基本模型，清楚地描绘出了动力过程中的因果关系。输入因素经过整合完成输出，而新输出因素又进一步对小组发展产生影响、持续循环。

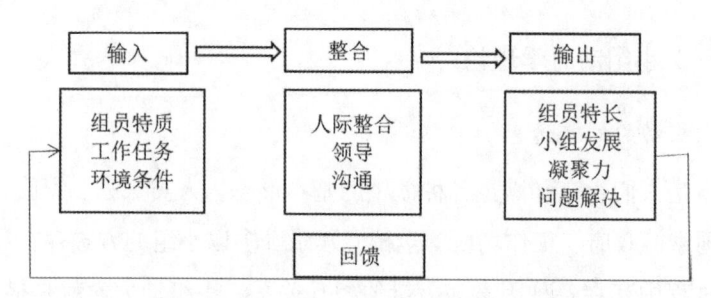

```
┌──────┐     ┌──────┐     ┌──────┐
│ 输入 │ ═══>│ 整合 │ ═══>│ 输出 │
└──────┘     └──────┘     └──────┘
┌──────┐     ┌──────┐     ┌──────┐
│组员特质│    │人际整合│    │组员特长│
│工作任务│    │ 领导 │    │小组发展│
│环境条件│    │ 沟通 │    │ 凝聚力│
└──────┘     └──────┘     │问题解决│
                          └──────┘
              ┌──────┐
              │ 回馈 │
              └──────┘
```

图 2.2　杨极东的小组动力分析模型（1994）

徐西森的小组动力模型对小组动力的因素变项做了更为精细的区分，更加细致地描述了各个因素变项之间的关系。小组的性质决定于小组组员的特性，小组领导者带来组员改变和小组功能的改善，又作用于前者，如此循环往复，助推小组不断前进和成长。

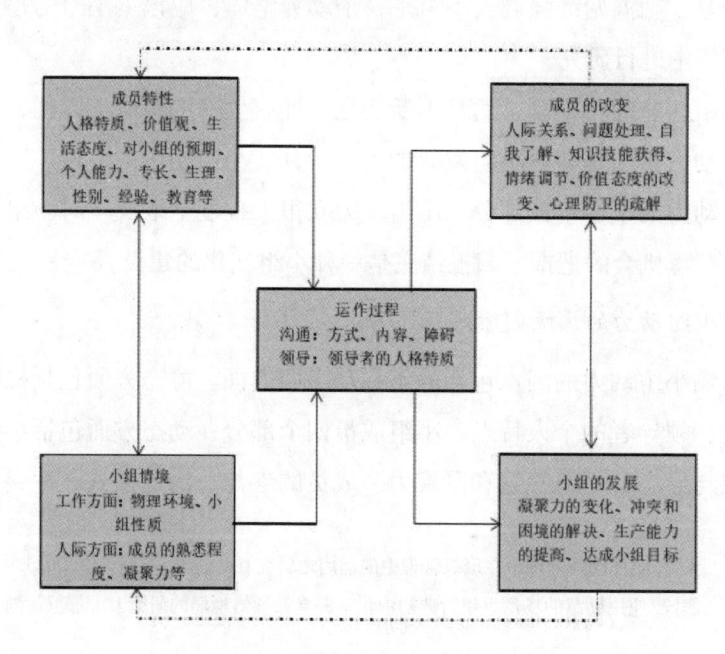

```
┌─────────────┐                    ┌─────────────┐
│  成员特性   │                    │  成员的改变 │
│人格特质、价值│                    │人际关系、问题│
│观、生活态度、│                    │处理、自我了解│
│对小组的预期、│                    │、知识技能获得│
│个人能力、专长│                    │、情绪调节、价│
│、生理、性别、│                    │值态度的改变、│
│经验、教育等  │                    │心理防卫的疏解│
└─────────────┘                    └─────────────┘
           │       ┌─────────────┐      │
           │       │  运作过程   │      │
           └──────>│沟通：方式、内│<─────┘
                   │容、障碍      │
                   │领导：领导者的│
                   │人格特质      │
                   └─────────────┘
┌─────────────┐                    ┌─────────────┐
│  小组情境   │                    │ 小组的发展  │
│工作方面：物理│                    │凝聚力的变化、│
│环境、小组性质│                    │冲突和困境的解│
│人际方面：成员│                    │决、生产能力的│
│的熟悉程度、凝│                    │提高、达成小组│
│聚力等        │                    │目标          │
└─────────────┘                    └─────────────┘
```

图 2.3　徐西森的小组动力流程模型（1997）

我国台湾学者陈若璋、李瑞玲将小组前预备向度、成员向度、小组领导者向度、小组处理向度、小组过程向度、小组阶段发展向度、小组结果向度分别组合成三个部分：前置因素、中介因素、后效因素，提出了多向度小组结构动力模型。

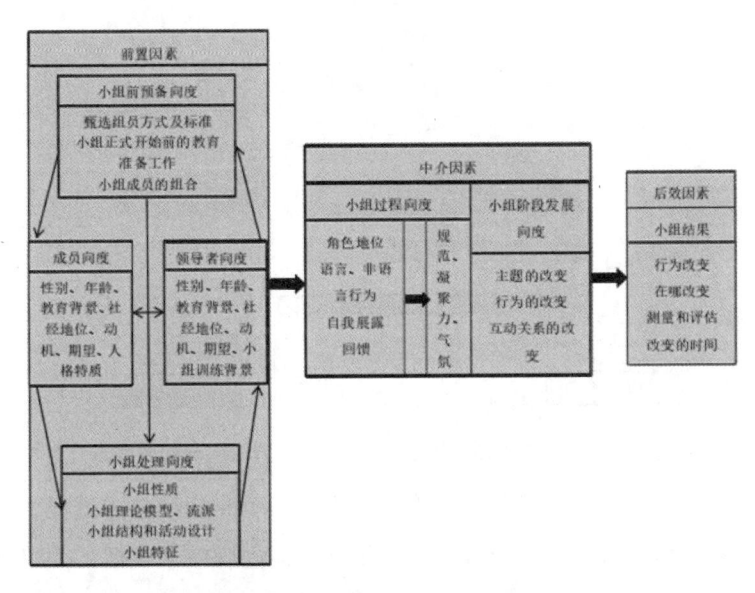

图 2.4 多向度小组动力结构图

综上所述，小组动力因素自小组产生之时或正在产生之时，就对小组动力形成作用力，在输入因素达成后便开始作用，形成综合的力量，最终输出为目标结果，并且不断循环往复，持续对小组产生影响。

3. 关于体育训练团体的小组动力研究

一个小组就是一个团体，具备团体的各种要素。大学生体育训练成长小组的动力流程包含了美国心理学家阿尔伯特·艾利斯（Albert Ellis，1913—2007）和赛默尔·费舍尔（Seymour Fisher）提出的输入因素、过程因素和输出结果，这三个变项相互影响、交替循环，共同构成了小组的动力流程模型。

基于体育训练成长小组的特点，影响小组动力的输入因素是小组的静态因素，包括机构（体育组织和团体）、小组特性、领导者个人特性和小组成员。影响小组过程因素的是小组的动态因素，包括小组的沟通模式、小组规则、领导方式和阶段任务等。[①]

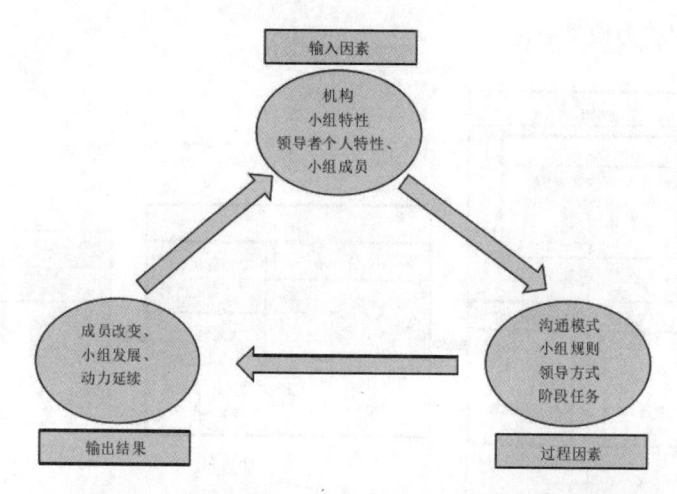

图 2.5　大学生体育训练成长小组的动力结构与构成因素

关于小组的动力因素分析。小组过程是一个充满动力的过程，需要进一步分析这个动力系统。希普认为小组动力的内容应该包括：小组形成过程，小组发展过程，小组过程中的区分与整合、沟通过程、互动方式和小组结构。福赛斯将小组动力范围扩大，认为小组动力的研究分为五个方面的内容：研究方向和方法学问题；小组的形成与发展过程；小组中的影响和互动；小组表现和其他相关因素。艾利斯和费舍尔则认为小组动力系统主要有三个变项：输入因素、过程因素、输出结果，并根据这三个变项绘制了小组动力流程图。[②]

[①] 郑轲.大学生体育训练成长小组的动力研究——以西北农林科技大学"麦田守望冬训营"为例[D].咸阳：西北农林科技大学，2022.

[②] Ellis D G, Fisher B A . Small Group Decision Making: Communication and the Group Process [M] . New York: McGraw-Hill, 1994.

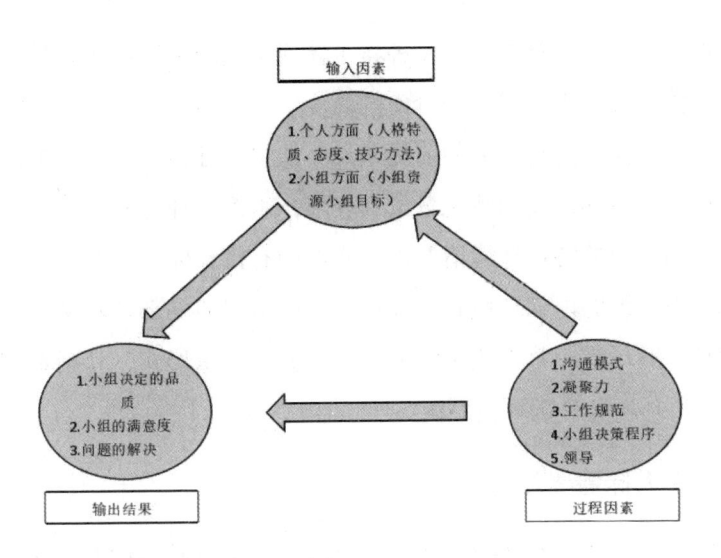

图 2.6　艾利斯和费舍尔的小组动力分析模型

（四）组织协作理论

系统组织理论创始人、现代管理理论之父——切斯特·巴纳德（Chester I.Barnard，1886—1961）提出，任何一个组织要存在和发展，首先必须要有明确的组织目标，否则组织的运行没有明确的方向，可能导致组织的崩溃。为了顺利达成组织目标，在组织内部要保持信息畅通，包括上下级沟通和同级交流。要在组织内部建构畅通的信息交流系统，减少沟通的层级数，有利于达到迅速准确地交流信息的目的。同时，在组织内部，全面推行组织的信息公开；在组织外部，拓宽监督渠道，并且加强组织成员间的沟通，实现组织内外部的平衡，促进组织的良好运作。这样，既有利于成员明确组织的目标和意义、了解组织的行动并参与，也有利于获得成员的支持和向心力，从而最大限度地提升组织的凝聚力。如果一个组织缺乏明确的目标，无法保持内部信息畅通，不能实现组织内外部的平衡，成员就会认为他们在组织内的工作是毫无价值的，组织凝聚力会降低甚至丧失。[①]

[①] 王军妮. 如何让"空巢青年"不"空心"[J]. 人民论坛，2018 (12)：124–125.

从本质上来说，凝聚力是一种将个体成员塑造成团结机体的力量，根源在于全体成员对组织目标和价值的高度认同。组织具备了共同的理想和信仰，是具有强大的凝聚力的前提条件。从组织社会学的角度来讲，任何组织都有它存在和发展的特定背景和环境，组织的环境系统是一个由组织赖以生存和发展的特定环境诸要素所构成的有机整体，一个组织的环境系统可以分为组织的内部环境和外部环境，而组织的外部环境又可区分为工作环境和一般环境。共青团组织是一种典型的组织形式，其凝聚力机制同样涉及内部环境和外部环境系统。

（五）人际需要理论

美国社会心理学家舒茨（William Schutz）在 1958 年以人际需要为主线提出了人际关系的三维理论，他称自己的理论是基本的人际关系取向理论，其主要观点如下。

1. 人际需要的内容

人有三种基本的人际需要，不同的人有着各自不同的需要。每个个体都有进行人际交往的愿望和需要，每一个个体在人际互动过程中，都有三种基本的需要，即包容需要、支配需要和情感需要。三种基本需要的形成与个体的早期成长经验密切相关。

包容需要：指个体希望与别人接触、交往、相容并建立和维持和谐关系的需要。由这一需要激发的人际交往的主动取向表现为主动与人交往，积极参与社会生活；被动取向表现为退缩、孤立、期待他人的接纳。

在个体的成长过程中，若是社会交往的经历过少，父母与孩子之间缺乏正常的交往，儿童与同龄伙伴也缺乏适量的交往，那么，儿童的包容需要就没有得到满足，他们就会与他人形成否定的相互关系，产生焦虑，于是就倾向于形成低社会行为，在行为表现上倾向于内部言语，倾向于摆脱相互作用而与人保持距离，拒绝参加群体活动。

如果个体在早期的成长经历中社会交往过多,包容需要得到了过分满足,他们又会形成超社会行为,在人际交往中,会过分寻求与人接触、寻求他人的注意,过分热衷于参加群体活动。

如果个体在早期能够与父母或他人进行有效的、适当的交往,他们就不会产生焦虑,会依照具体的情境来决定自己的行为,决定自己是否应该参加或参与群体活动,形成适当的社会行为。

支配需要:是指个体控制他人或被他人控制的需要。该需要激发的人际交往的主动取向表现为喜欢运用权力,影响及控制他人;被动取向表现为期待他人引导和支配,愿意追随他人。

个体在早期生活经历中,若是成长于既有要求又有自由度的民主气氛环境里,个体就会形成既乐于顺从又可以支配的民主型行为倾向,他们能够顺利解决人际关系中与控制有关的问题,能够根据实际情况适当地确定自己的地位和权力范围。

而如果个体早期生活在高度控制或控制不充分的情境里,他们就倾向于形成专制型的或是服从型的行为方式。专制型行为方式的个体表现为倾向于控制别人,但坚决反对别人控制自己,喜欢拥有最高统治地位,喜欢为别人做出决定。

服从型行为方式的个体表现为过分顺从、依赖别人,完全拒绝支配别人,不愿意对任何事情或他人负责任,在与他人进行交往时,这种人甘愿当配角。

情感需要:指爱他人或被他人所爱的需要,在感情上与别人建立和维持亲密联系的需要。该需要激发的人际交往的主动取向表现为对他人表现出友善、喜爱、同情和亲密等,被动取向的表现为冷漠、期待他人对自己表现亲密。

当个体在早期经验中没有获得爱的满足时,个体就会倾向于形成低个人行为,他们表面上对人友好,但在个人的情感世界深处,却与他人保持距离,总是避免亲密的人际关系。

若个体在早期经历中被溺爱，他就会形成超个人行为，这些个体在行为上表现出强烈地寻求爱，并总是在任何方面都试图与他人建立和保持情感联系，过分希望自己与别人有亲密的关系。

如果个体在早期生活中经历了适当的关心和爱，则能形成理想的个人行为，总能适当地对待自己和他人，能适量地表现自己的情感和接受别人的情感，又不会产生爱的缺失感，自信会讨人喜爱，而且能够依据具体情况与别人保持一定的距离，也可以与他人建立亲密的关系。

2. 人际需要的重要性

人际需要决定了个体与其社会情境的联系，如果不能满足，那么就可能会导致其产生心理障碍及其他严重问题，如自闭症等。

3. 人际需要的满足方式

对于三种基本的人际需要，人们有主动表现和被动表现两种满足方式。

舒茨认为，这三种基本的人际需要决定着个体与环境之间的关系，决定了个体在人际交往中所采取的行为方式，以及如何描述、解释和预测他人的行为。

舒茨进一步根据三种基本的人际需要，以及个体在表现这三种基本人际需要时的主动性和被动性，将人的社会行为划分为六种人际关系的行为模式，即主动包容式、被动包容式、主动支配式、被动支配式、主动情感式和被动情感式。

主动包容是指主动与他人交往，积极参与社会生活。

被动包容是指期待他人接纳自己，往往退缩、孤独。

主动支配是指喜欢控制他人，能运用权力。

被动支配是指期待他人引导，愿意追随他人。

主动情感是指表现对他人的喜爱、友善、同情、亲密。

被动情感是指对他人显得冷淡、负面情绪较重，但期待他人对自己亲密。

舒茨认为，这三种基本的需要是人类成长的关键，他们必须同时被满足。任何一种需要不能得到满足，都会造成个体心理上的创伤，可能导致精神崩溃，甚至死亡，而这种未能满足的需要可能就会在虚拟的网络世界中被寻找。

人际需要理论主要阐述了人际关系的形成、取向类型及小组聚散过程的特征。人际需要决定着个体与环境之间的关系。舒茨用三维理论解释了群体的形成与群体的解体，并提出了子群体整合原则。群体形成过程的开始是包容，而后是控制，最后是情感，这种循环不断地繁盛。而全体解体的过程则相反，先是感情不和，继而失去控制，最后难以包容，导致群体解体。

4. 人际需要理论的启示

第一，在探讨小组时，首先应该考虑到组员的需要。人际需要理论可以帮助我们把握小组的方向。组员的行为都有规律可循，一切行为都是围绕着个人的需要而产生的。第二，人际需要理论可以帮助我们明确小组的目标，比如体育训练成长小组的重要目标就是提高每个组员的社会功能。要实现这个目标，就需要特别关注组员之间、组员与工作者，以及小组之间的良性互动，只有满足了一些基本需要，组员的个人能力才能最大限度地发挥其社会功能，才能达到团队训练成长小组的目标。第三，帮助我们更好地理解组员的互动关系，小组工作是借助小组中的人际互动来改善和实现目标的，研究分析小组动力亦是如此。因此，掌握人际交往的规律有助于洞悉小组中的互动情况，把握小组动力的发展变迁情况。

（六）具身认知理论

人类对于外界的认知方式存在两种不同的取向，与传统认知心理学认为认知是离身的（disembodied）相比，具身认知通过将身体和环境视为我们思考和感觉的重要因素，重新认识了认知的本质。具身认知理论是当前认知科学的研究热点，是关于身体、认知和环境相互关系的理论，而团体凝聚力是在成员互动情境中培养起来的，因此，具身认知理论为团体凝聚力的研究提供了理论参考。

1. 具身认知的概念及其实质意涵

具身认知（Embodied Cognition）也被称为身体性认知、体现认知等[①]，它是在皮亚杰认知理论、加涅信息加工理论及维果斯基社会文化观等理论的基础上发展起来的，用于解释人类通过身体与外界交互所获得认知的新理论。该理论最早追溯于现象学和生物学：胡塞尔（Husserl）强调以意识体验为主，莫里斯·梅洛－庞蒂（Maurice Merleau-Ponty）在此基础上提出，人类借助身体与外界进行交互，应重视身体体验。这些研究为具身认知的发展奠定了理论基础。之后，弗朗西斯科·瓦雷拉（Francisco Varela）等人从生物学角度提出，人的认知源于多感官身体所产生的不同经验，且身体的感知能力会天然融入一个更宽广的物质、文化、心理等的具体情境中。[②]

具身认知是指在认知加工过程中，人的身体发挥着关键作用，认知主要是通过身体各种感官在环境中的交互体验及其活动形式而形成的。[③] 具身认知通过将身体和环境视为我们思考和感觉的重要因素，重新认识了认知的本质。[④][⑤] 从理论上讲，具身认知有广义和狭义之分。狭义的具身认知是指认知或心智主要是被身体的动作和形式所决定的，强调身体在认知活动中的核心作用。这是一种生理主义的具身认知观。根据这种观点，各种

---

① 谭支军. 智慧学习环境下教师隐性知识转化螺旋模型设计研究——基于具身认知理论的视角 [J]. 中国电化教育, 2015 (10)：116-119.

② 王美倩, 郑旭东. 具身认知与学习环境：教育技术学视野的理论考察 [J]. 开放教育研究, 2015, 21 (1)：53-61.

③ 陈巍, 郭本禹. 具身-生成的认知科学：走出"战国时代" [J]. 心理学探新, 2014, 34 (2)：111-116.

④ Shapiro L. The Embodied Cognition Research Programme [J]. Philosophy Compass, 2007, 2 (2)：338-346.

⑤ Shapiro L. The Embodied Cognition Research Programme [J]. Philosophy Compass, 2007, 2 (2)：338-346.

类型的认知活动,如观念、思维、概念形成、分类和判断等,都受到身体和身体感觉运动图式的制约和塑造。身体的方方面面如神经系统的物理属性、大脑和身体的结构、感觉运动系统的图式、感官的构造、神经递质的传递等无时无刻不在塑造着认知和心智,使得身心成为紧密交融的一体。[①]而广义的具身认知不仅强调身体的核心作用,而且重视身体与环境(世界)的相互作用,即认知是根植于自然中的机体适应自然环境而发展起来的一种能力,它经历一个连续的复杂进化发展过程,最初是在具有神经系统(脑)的身体和环境相互作用的动力过程中生成的,继而发展为高级的、基于语义符号的认知能力。[②]

具身认知理论主张一体论,强调认知、身体和环境之间是相互嵌套、不可分离的:认知存在于大脑中,大脑存在于身体中,认知附着于身体的各种感官所产生的经验,而身体是融入不同的物理、生理和文化环境中,三者均不可或缺。[③] 认知、身体与环境共同组成了一个完整的动态的复杂系统,其宏观关系如下图所示。

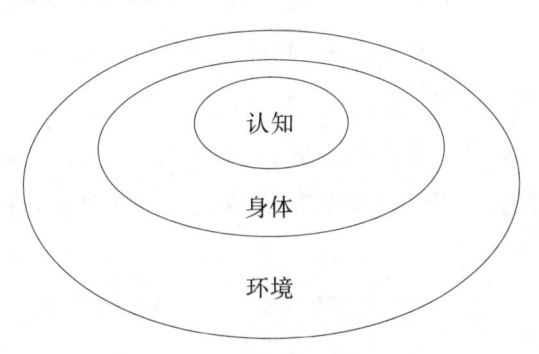

图 2.7 认知、身体与环境之宏观关系

[①] 叶浩生. 身心二元论的困境与具身认知研究的兴起 [J]. 心理科学, 2011, 34 (4): 999–1005.
[②] 李恒威, 黄华新. "第二代认知科学"的认知观 [J]. 哲学研究, 2006 (6): 92–99.
[③] 李志河, 李鹏媛, 周娜娜, 等. 具身认知学习环境设计: 特征、要素、应用及发展趋势 [J]. 远程教育杂志, 2018, 36 (5): 81–90.

目前，学界对具身认知的普遍观点是：身体的结构和性质决定了认知的种类和特性；认知过程具有非表征特点，思维、判断等心智过程也并非抽象表征的加工和操纵；认知、身体、环境是一体的；身体和环境是认知系统的构成成分。① 与传统认知视身体仅为刺激的感受器和行为的效应器不同，具身认知充分肯定身体在认知中的作用，高度重视身体在认知中的价值，认为认知的发生具有涌现性的动力学机制，认知的过程是通过大脑、身体及环境相互连接在一起，耦合或交互的自组织涌现与生成。②

2. 具身认知的思想渊源

具身认知理论虽起源于西方国家，直接思想来源是梅洛-庞蒂的身体现象学③，但在各个国家和民族都存在一定的"具身思想"。以中国为例，具身认知与中国传统文化中的"体知"存在一定联系，在中国的儒道文化中，认知观建立在"身—心—世界"三个互相交叠的层次上。④ 早在春秋战国时期，墨家、法家、儒家和道家等学派均对身心关系做了一定的阐述，如墨家的"君子力事日强，愿欲日逾，设壮日盛"和法家的"其上世之士，衣不暖肤，食不满肠，苦其志意"均体现了具身认知思想。荀子曰"形具而神生"，心理依赖于身体，身体与环境的交互产生认知；而明代王阳明的"知行合一"思想更是具身认知的集中体现。另外，中国传统医学强调"身心互动"理论，认为身体的脏腑、血脉是个体情绪和意识的物质基础，身心互动失调则会导致各种疾病的产生，因此中医主张"整体治疗"。⑤

---

① 叶浩生. 身体与学习：具身认知及其对传统教育观的挑战 [J]. 教育研究, 2015, 36 (4)：104-114.

② 张良. 论具身认知理论的课程与教学意蕴 [J]. 全球教育展望, 2013, 42 (4)：27-32, 67.

③ 胡万年, 叶浩生. 中国心理学界具身认知研究进展 [J]. 自然辩证法通讯, 2013, 35 (6)：111-115, 124, 128.

④ 黎晓丹, 叶浩生. 中国古代儒道思想中的具身认知观 [J]. 心理学报, 2015, 47 (5)：702-710.

⑤ 官锐园, 樊富珉. 试述中国传统医学中的"身心互动"理论 [J]. 南京中医药大学学报 (社会科学版), 2002 (1)：13-16.

3. 具身认知的三种理论模型

具身认知大致可以归结为三种模型：概念隐喻理论，知觉符号理论和感知运动模拟隐喻理论。

概念隐喻理论：隐喻表达是一种修辞手段方式，自莱考夫（Lakoff）和约翰逊（Johnson）的《我们赖以生存的隐喻》将隐喻看作一种认知模式后，学界对隐喻的研究越来越丰富化和多样化。隐喻是人类认知思维发展的结果，也是新的语言意义产生的内在原因。莱考夫和约翰逊基于大量隐喻的分析和研究，认为"隐喻是人们借助有形的、具体的、简单的始源域（Source Domain）概念（如空间、温度、动作等）来表达和理解无形的、抽象的、复杂的目标域（Target Domain）概念（如道德、心理感受、社会关系等），从而实现抽象思维"。在具身认知的潮流中，莱考夫和约翰逊提出了概念隐喻理论（Cognitive Metaphor Theory）[1]，其主要观点可以归纳为如下几点。

第一，抽象概念是从具体概念的概念结构中"架构"（scaffolding）而来。首先，具体概念的图式结构（schema structure）是基于人的感知觉经验构建起来的，涉及温度、空间、感知觉等，如硬—软触觉结构、前—后空间结构和冷—热温度结构。然后，具体概念到抽象概念需要概念结构的"架构"，这个就是隐喻化过程，隐喻映射是在具体经验的图示结构架构到抽象的范畴和关系上，从而获得新的知识和理解，而这种架构机制同人类一些最基本的认知特征相符合。[2]

第二，抽象概念被具体概念架构的过程不仅存在于词语层面上的关联，而且存在于心理表征层面上的关联。"对于一个无法用身体经验知觉的抽象概念，人们将一个和知觉运动系统联系的具体概念对其映射，从而用具体概念的图示结构构建抽象概念的内在逻辑结构，这种与具体概念相关联

---

[1] Lakoff G, Johnson D. Metaphors We Live By [M]. Chicago: University of Chicago Press, 1980.

[2] Williams L E, Huang J Y, Bargh J A. The Scaffolded Mind: Higher Mental Processes Are Grounded in Early Experience of the Physical World [J]. European Journal of Social Psychology, 2009, 39 (7): 1257–1267.

的感知觉经验是抽象概念表征必需的一部分。"[1]

第三，主体理解抽象概念的过程中具有感知觉的体验性。当人们学习抽象概念，以及进行抽象思维时，一是在具体概念的基础上理解抽象概念，二是具体概念相关的感知觉经验也会被激活，此时主体就会体验式加工抽象概念。"抽象概念无论如何复杂，它必然会与身体性部分发生联结。人们的经验只局限于身体所能经验的，并且基于身体经验来概念化抽象概念。"[2]

交互隐喻是具身认知科学的基本理论观点和理论出发点。该隐喻认为，外在世界和人的身体不是分离的、对立的，而是统一的、相互作用的，心智是身体与外部世界交互作用的结果。我们可以将其比作两个巴掌相拍（碰撞）而产生的掌声，其中掌声类似于人的心智，而两个巴掌则类似于情境中与外物互动的人。心智实际上是解决人与外物碰撞中而产生的生存或存在问题的过程。二者互为对方的主体，也互为对方的客体，它们与其他因素共同构成了情境，它们的相互作用形成了事件或遭遇，实现内在与外在的一种交融状态。换言之，单有人的身体或单有外部刺激都无法产生人的心智，人的心智是在身体与外部环境的相互作用中随二者关系的动态变化而形成、演变和发展的。从交互隐喻出发，具身认知科学强调机体和环境的耦合，以及认知的连续本质。[3]

隐喻概念理论的提出，影响了哲学、逻辑学、语言学、心理学、社会学、认知语言学、符号学等学科对概念的研究思路。近年来，研究者的研究主要与语词理解或社会认知相关。习近平总书记提出的"各民族要像石榴籽一样紧紧抱在一起"，就是一个非常通俗易懂的隐喻。

---

[1] Landau M J, Meier B P, Keefer L A. A Metaphor-Enriched Social Cognition [J]. Psychological Bulletin, 2010, 136 (6): 1045-1067.

[2] Lakoff G, Johnson M. Philosopy in the Flesh: The Embodied Mind and Its Challenge to Western Thought [M]. New York: Basie Books, 1999.

[3] Narayanan V H. Embodied cognition and the Orwell's problem in cognitive science [J]. AI & SOCIETY, 2015, 30 (2): 193-197.

知觉符号理论：20世纪末，具身哲学与具身认知迎来了快速发展的时期。1999年，心理学家巴萨鲁（Barsalou）在概念隐喻理论的基础上，提出了知觉符号理论（Perceptual Symbol Systems），这是第二代认知科学的典型理论，认为认知是具有知觉性的，认知和知觉的表征系统是相同的。

根据知觉符号理论，信息加工过程可以概括为：首先，客体激活了知觉系统，接着知觉成分的图式表征会被选择性注意从经验中提取出来，最后储存于长时记忆中。认知表征由大量的知觉符号构成，而代表客体的知觉的符号就是这些知觉记忆。这样，认知过程就不需要把外界刺激转化成全新的非模态命题符号系统，只需对这些知觉符号进行直接操作。

感知运动模拟隐喻理论：概念隐喻理论和知觉符号理论都强调对抽象概念的加工会影响身体状态和行为的表征，在此基础上，斯莱皮恩（Slepian）和安巴迪（Ambady）[1]提出了感知运动模拟隐喻理论，主要增添两点内容：第一，身体感觉运动和理解、判断抽象概念之间紧密联系，抽象领域也能够影响具体领域，隐喻映射具有双向效应；第二，隐喻是人们学习获得的，并不是依靠早期经验而来；第三，早期经验并不是必要的——人们对新隐喻的学习和掌握离不开身体的感觉运动系统，即使在不基于早期经验的情况下学习新的具身隐喻，身体状态和心理状态之间也能够建立关联。

三种理论对于具身认知的理解有着统一的观点：第一，感知觉的体验对认知过程产生直接的影响。"认知活动基于各种经验，而这些经验来源于带来各种感知觉运动体验的身体。"心智过程不仅是以神经系统为基础，感知觉经验在概念形成和理性推理中发挥着不可或缺的作用。"身体的物理性质以及身体与环境的互动塑造了我们的认知。认知始终与具身结构和活动图存在内在关联。"[2]第二，大脑与身体通向认知的特殊感觉—运动

---

[1] Slepian M L, Ambady N. Simulating sensorimotor metaphors: Novel metaphors influence sensory judgments [J]. Cognition, 2014, 130 (3): 309–314.

[2] 李恒威, 盛晓明. 认知的具身化 [J]. 科学学研究, 2006, 24 (2): 184–190.

通道发挥着重要的作用。在身体和外部环境发生互动的过程中，认知可以视为大脑在特殊的感觉和运动通道中形成的心理状态。第三，认知是具身的，大脑在身体中，而身体嵌入（embedded）环境中，三者组成了一个动态的认知系统。具身认知认为，感知觉经验、身体与外部环境构成人的认知系统，三者不可分割，对认知过程造成直接影响。"把身体和环境的内容包含进认知加工中，扩展了对传统概念认知的理解。"[1]

4. 具身认知的理论特征

研究者们比较全面地概括了具身认知的理论特征：具身性、情境性、生成性和动力性等。[2][3][4]

（1）认知的具身性（embodiment）：这是具身认知的核心特征，认知是依赖于身体的生理和神经结构的活动方式。因此，人的认知源自活生生的身体，自然会受到人的身体及其大脑、生理和神经结构的影响。具身认知强调认知对身体的依赖和身体经验对认知的作用，认知是具体身体对外界的感知，身体的生理结构、身体的活动方式、身体的现时状态，以及身体的感知运动经验决定了人类对世界的感知和诠释。[5]

（2）认知的情境性（situation）：这一点强调认知过程是认知主体在与环境相互作用中产生的，主张人的认知总是发生于特定的情境之中，或者说人的绝大多数的认知活动都可以被看作是情境化的，或者说是与情境

---

[1] Shapiro L. The Embodied Cognition Research Programme [J]. Philosophy Compass, 2007, 2 (2): 338–346.

[2] 李其维. "认知革命"与"第二代认知科学"刍议 [J]. 心理学报, 2008, 40 (12): 1306–1327.

[3] 叶浩生. 认知心理学: 困境与转向 [J]. 华东师范大学学报 (教育科学版), 2010, 28 (1): 42–47, 90.

[4] 李恒威. 生成认知: 基本观念和主题 [J]. 自然辩证法通讯, 2009, 31 (2): 27–31, 110.

[5] Goldman A, Vignemont F. Is social cognition embodied? [J]. Trends in Cognitive Sciences, 2009, 13 (4): 154–159.

直接相关的。认知情境既包括人的认知或行为发生时认知主体所处的基本环境，也包括环境（世界）中所涉及的物质工具、相关设备等。事实上，人的心智现象和认知活动规律在数量上也许是相对有限的，人们之所以能够拥有极其丰富的内心世界，很大程度上是因为情境所体现出的复杂性。因此，认知过程被置于更大的物理、社会、文化和历史环境中。

实践与反思是具身认知必不可少的成分。具身认知不仅意味着身体的生理特征、动作及形式对认知具有不容忽视的重要影响，更应该强调的是，具身意味着社会实践和主体的行动（尤其是主动行动，意味着认知的目的与动机）。实践或行动则意味着情境，特别是社会性的情境。其中，实践是认识主体在特定的境域中通过深思熟虑做出的行动，也是认识主体对生活方式的自由抉择，是认识主体以所有的信念、情感、认识、智慧与心力投入的富于创造性的行动。实践内蕴着认识，是认识的来源、目的与推动力。人成为认识主体，外部世界成为认识对象与客体，均有赖于实践。实践是实现具身认知的途径及产生具身效应的重要基础。正如马克思所说："人的思维是否具有客观的真理性，这不是一个理论的问题，而是一个实践的问题。"[1] 在实践中，人的身体既是运动器官，又是认识器官。身体是实践的生理基础，然而只有在复杂的社会性实践活动中，人才能获得深刻、完整、有价值的认识。通过实践活动，主体肯定客体及自身的存在，并促使自我意识的觉醒。一言以蔽之，实践是人与自然、主体与客体、思维与存在的统一。主体之所以能认识事物，并非因为人有天赋的感知与思维能力，而在于主体以实践的方式存续。具身认知对于情境性的强调，在一定程度上突破了经典（传统）认知心理学仅仅以内部逻辑符号来表征外部环境信息的局限性，在内部的心智（认知）和外部的环境（世界）之间建立起了某种形式的密切的联系。

具身社会认知理论的产生有着深厚的哲学基础。早期的尼采哲学和后

---

[1] 中共中央马克思恩格斯列宁斯大林著作编译局. 马克思恩格斯选集(1)[M]. 北京: 人民出版社, 1995: 86.

期的梅洛-庞蒂哲学都渗透着具身认知的思想,尼采提出认知是身体的透视性理解的观点已初见端倪,而梅洛-庞蒂是具身思想的真正开创者,同时也是具身认知哲学基础的系统阐述者。梅洛-庞蒂指出,身体不但是生理机体,同时也是具有能动性的机体。身体的能动性表现为通过身体的体验实现对物体的感知和综合,对外部事物的知觉就是通过身体图式完成的。

具身认知的情境性表现为认知是社会的,认知、身体和环境形成一个动力系统,认知是身体的物理属性同社会环境相互作用的结果[1]。具身的研究视角在人工智能和认知科学领域中的应用已有多年的历史,但它在社会心理学中的应用还处于起步阶段[2]。虽然它们的对话刚刚开始,但具身的思想会为社会认知的研究带来变革性的发展[3],它让社会心理学家重新意识到一直被忽略的身体对认知的重要作用[4]。

具身社会认知的实证研究提高了传统认知心理学研究的生态效度,表现为被试在"日常行为情境"中对控制条件的无意识状态下完成实验,保证行为的生活化。社会认知即社会知觉过程,包括个体对自己、他人人际及对群体的知觉。具身社会认知是具身认知与社会认知对话的产物,它运用具身认知的视角解释社会认知现象,主要研究具身对社会认知的影响作用,如具身自我认知、具身人际认知、具身群体认知。

①具身自我认知的生态性研究

自我认知是社会认知的基本成分之一,它是主观主体对自己的认知和评价,是对自己身心特征的认识,主要包括自尊和自信两个成分。自尊是

---

[1] 李恒威,盛晓明. 认知的具身化 [J]. 科学学研究, 2006, 24 (2): 184–190.

[2] Smith E R. Social relationship and groups: New insights on embodied and distributed cognition [J]. Cognitive Systems Research, 2008, 9 (1–2): 24–32.

[3] De Jaegher H, Di Paolo E, Gallagher S. Can social interaction constitute social cognition? [J]. Trends in Cognitive Sciences, 2010, 14 (10): 441–447.

[4] 薛灿灿,叶浩生. 具身社会认知:认知心理学的生态学转向 [J]. 心理科学, 2011, 34 (5): 1230–1235.

指个体尊重自己的人格和荣誉、维护自我尊严的情感体验。自信则是个体对自身力量的充分估计和确信，深信自己一定能做成某件事，实现所追求的目标。目前，大量的社会情境实验都证明身体状态会影响个体自尊和自信的形成。接受积极刺激、挺胸抬头站立的被试比耷拉着双肩的被试体验到更高的自信，出色完成任务后的自豪感更高。特蕾西（Tracy）和罗宾斯（Robins）的研究发现，男性的握拳行为能提高他们的自我意识水平和自我觉知能力。对男性而言，拳头是力量的符号表征，它能激活有关自我效能的意识。如此，男性握拳时会体验到高水平的自尊和自信。[①]

②具身人际认知的生态性研究

人际认知是社会认知的重要组成部分，而具身人际认知是指身体经验影响人际交往中涉及的认知过程，包括身体的温度知觉影响个体对他人的热情、友善、乐于助人等人格特征的判断。[②]身体的模仿行为影响对人际关系亲密度的感知[③④]，等等。

适度的具身模仿可以提高人际吸引力，并促进人际交往。[⑤]所谓的具身模仿是指，在人际交往中，个体自然而然、无意识地模仿某些人的面部表情、姿势和声音，尽量让自己在这些方面与他人保持一致，以体验他人

---

① Tracy J L, Robins R W. Emerging insights into the nature and function of pride [J]. Current Directions in Psychological Science, 2007, 16 (3): 147–150.

② Williams L E, Bargh J A. Experiencing physical warmth promotes interpersonal warmth [J]. Science (New York, N. Y.), 2008, 322 (J): 606–607.

③ Zhong C B, Leonardelli G J. Cold and Lonely: Does Social Exclusion Literally Feel Cold? [J]. Psychological Science, 2008, 19 (9): 838–842.

④ Gallese V. Before and below 'theory of mind': embodied simulation and the neural correlated of social cognition [J]. Philosophical Transactions of the Royal Society of London. Series B, Biological Sciences, 2007, 362 (1480): 659–669.

⑤ Gallese V. Before and below 'theory of mind': embodied simulation and the neural correlated of social cognition [J]. Philosophical Transactions of the Royal Society of London. Series B, Biological Sciences, 2007, 362 (1480): 659–669.

的感受，产生"情绪传染"，这是改善人际关系的必要方式。坦纳（Tanner, R.J）等人的研究证明，被模仿者对模仿者的态度更和善，评价更积极，提供的小费更高，人际互动更频繁。① 但具身模仿必须是具体化和自动化的，而不是为理解他人观点和行为实施的刻意操作。

③具身群体认知的生态性研究

群体认知是社会认知的另一个重要组成成分，既包括对无相互作用群体的认知，又包括对有相互作用的群体的认知。具身群体认知研究的是身体的现实状态、感知运动经验等对群体认知的作用及影响。

尽管目前该方向的研究并不多，但仍取得了一些初步的成果。身体的触觉经验影响个体对无相互作用群体的知觉判断和行为输出。另外，身体的不经意接触不仅能增加人际吸引力，也会影响个体对有相互作用群体的认知。艾略特·史密斯（Elliott Smith）声称，如果个体 A 同个体 B 有身体接触，潜意识中意味着两者之间是一种平等互惠的关系，进而导致个体 B 也认同了个体 A 所在群体的成员关系，即使个体 B 对个体 A 的现实归属群体一无所知。个体 B 不仅对个体 A 本人的评价趋向于积极的，而且对个体 A 的家人、归属群体的评价也会更乐观。② 托马斯·佩蒂格鲁（Thomas F. Pettigrew）和琳达·特罗普（Linda R. Tropp）的研究还证实，个体与外群体个别成员的肢体接触会提高他对那个群体的整体性评价。这为加强不同民族大学生的交往、交流、交融，提升团体凝聚力提供了理论支撑。③

具身认知中的互动观更注重人际和社会互动对于理解他人的重要作用，认为互动对于人类心理生活的理解有着极其重要的意义。在现实生活

---

① Tanner R J, Ferraro R, Chartrand T L, et al. Of chameleons and consumption: The impact of mimicry on choice and preferences [J]. Journal of Consumer Research, 2008, 34, 6: 754–766.

② Smith E R. Social relationships and groups: New insights on embodied and distributed cognition [J]. Cognitive Systems Research, 2008, 9 (1–2): 24–32.

③ Pettigrew T F, Tropp L R. A meta-analytic test of intergroup contact theory [J]. Journal of Personality and Social Psychology, 2006, 90 (5): 751–783.

中，我们时时刻刻与他人交往、互动。即使孤身一人时，人际交往和社会互动也在影响着我们。我们的心理特点和人格特征在很大程度上是被这些交往和互动"建构"的，是被这些活动塑造出来的。实际上，我们也渴望社会交往和互动，以至"孤立"被视为一种惩罚，没有人愿意过一种缺乏社会交往和互动的生活。除了早期符号互动论从社会学视角对互动因素的论述外，心理学中的生态学方法最早关注了环境与机体之间的互动对知觉过程产生的影响。它主张知觉并非是一个被动的观察者对独立于他的客观世界形成的静态表征或反映。相反，知觉是机体与环境互动的结果。机体通过身体动作与环境产生互动与耦合（coupling），知觉正是形成于这种互动与耦合的过程中。从机体与环境互动与互补的视角，生态心理学的创始者吉布森（James J. Gibson）提出了一个"可供性"（affordance）概念，指的是"机体与环境之间的协调性"，强调的是知觉不是简单的表征形成过程，而是存在于机体与环境之间的互动关系之中，其重心就是互动，更强调环境对行为的影响。在传播学领域中延展出传播可供性、技术可供性和媒介可供性等概念，其核心都强调关系间性，这种关系形态是一种个体与环境之间兼具示能（enabling）和限制（constraining）的相互建构。

沿着吉布森的思路，生成认知认为，互动不仅表现为机体与环境的主客体交互作用，而且表现为主体与主体的交互影响，社会认知发生于主体与他人的交互作用之中，是一种主体间性（intersubjectivity）的过程："按照生成认知观，社会性的理解不是个体基于理论推理或模拟程序的结果，从本质上说，是从主体与他人的实时交互过程中涌现出来的……包括了主体与他人之间的情绪感染、情绪共鸣以及身体姿势、面部表情和语音语调等方面的协调……这样的交互过程叫作'参与式的意义建构（Participatory Sense-making）'。"[①] 意义建构（sense-making）本来是个体概念，是个体通过身体动作"生成"（enact）一个自己的意义世界，是机体通过自己

---

① 何静. 生成的主体间性：一种参与式的意义建构进路 [J]. 哲学动态, 2017 (2)：87—92.

的身体动作投射给世界的。机体作为一个自治系统，"在他们的世界上投射一个意义网络，他们期望通过自己的身体和行动产生意义，这个过程是意义转换过程，而不仅仅是信息的交互过程"[1]。通过意义建构的过程，个体保持自身作为一个自治系统，在不稳定的环境条件中维持自身的同一性。但是人类的意义建构发生于社会情境中，人际交往和社会互动影响着个体的意义建构。换言之，意义建构不仅发生在个体层面，更涉及主体间的动态交互过程。"意义建构是参与式的，因为协调和互动等社会性动力可能会影响个体的意义建构。"[2]意义建构不是个体的，而是双方的、交互的、参与式的。在这样一种参与式的意义建构活动中，主体对他人的理解不再是单向的理论推理或心理模拟，而是以一种动力学方式与他人的行为和意图紧密相连，在双方交互过程中达到直接的理解，任何理论推理或心理模拟的假设在这里都是多余的。

　　认知是一个自治系统，是机体的意义建构过程，意义建构发生于机体和环境之间。参与式意义建构的重心在于互动，互动影响着互动双方的社会理解过程。认知是发生在系统和它的环境之间，发生在行动者与行动者的互动之间。认知属于一个"关系域"（Relational Domain），是互动过程中的意义建构，正是机体与环境、机体与机体之间的互动与耦合构成了认知的意义建构过程。这个关系域既不是内在的，也不是外在的，而是在互动过程中涌现出来的。互动论近些年来已经确立了它自身在这场争论中的地位。[3]

---

[1] Schiavio A, De Jaegher H. Participatory Sense-Making in Joint Musical Practice [M] //M. Lesaffre, M. Leman, & P. J. Maes (Eds.), The Routledge Companion to Embodied Music Interaction. Switzerland: Springer, Cham, 2017: 3.

[2] Schiavio A, De Jaegher H. Participatory sense-making in joint musical practice [M] //Lesaffre M, Leman M, Maes P J (Eds.), The Routledge Companion to Embodied Music Interaction. Switzerland: Springer, Cham, 2017: 3.

[3] Tanaka S. Intercorporeality as a theory of social cognition [J]. Theory & Psychology, 2015, 25 (4): 455—472.

心理学中的生态学方法最早关注了环境与机体之间的互动对知觉产生的影响。生成认知在此基础上更进一步，认为互动不仅发生在机体与环境之间，而且表现为主体与主体的交互影响，两个主体间的交互不是两个笛卡儿式心灵的对话，交互的主体是身体，是一种"肉身间性"的过程。具身认知研究中的互动观强调身心一体论，反对身心二元论，在方法论上表现出反还原论的特色。[①]

具身社会认知的生态性和互动论为通过交往、交流、交融促进各民族相互理解，进而提升团体凝聚力提供了重要的理论支撑。

（3）认知的生成性（enactment）：认为认知主体和世界处于交互循环之中，人类认知是认知主体即身体在与环境（世界）相互作用中历史地生成的。"身体在人类的认知过程中发挥着至关重要的作用"是具身认知研究进路的基本主张，在生成主义者看来，具身性的意义在于自治系统的同一性，以及意义建构中的规范性；并且身体性行动并不等同于神经—肌肉运动，它应当包含所有行动者和世界之间进行耦合的自适性调节。对于闭锁综合征患者而言，尽管由于全身瘫痪使得患者的意义建构能力受到了极大的限制，但同时，BCI 技术（Brain Computer Interface，BCI，脑机接口，是建立在大脑和机器设备之间信号传输的技术）帮助患者实现了意义建构和自身同一性的维系。然而，这并不意味着身体在认知中的作用能够被其他技术进行功能性的替换。相反，这种技术作为延续身体同一性的、自我维系的网络的一部分，而被纳入了身体性活动之中。

但是，这种新兴的生成认知进路仍然任重而道远。当前已有的研究主要聚焦于作为单个整体的身体如何与周围的物质世界进行交互，并没有对身体的社会性因素予以充分的重视。但归根结底，主体的存在离不开其社会性存在，以及与其他主体的交互活动。因而，社会交互动力学、社会认知的生成

---

① 叶浩生，国礼羽，麻彦坤. 生成与动力：具身认知研究中的互动观 [J]. 心理学探新，2020，40 (6)：483–488.

维度、个体认知同一性和具身性关系等方面的研究还有待进一步深入。

（4）认知的动力性（dynamic）：认知的动力性所要研究的是认知主体与环境耦合情况下的认知发展的动力机制，它强调认知的过程具有动力的、非线性的、混沌的、涌现的特征。人类认知是大脑—身体—环境三者耦合构成一个复杂的动态的自组织系统。

（5）认知的整体性：具身认知真正把人视作"整全的人"，主张认知是大脑、身体与环境交互作用的产物，强调人的身心整全意义上的发展。它强调"具身性"与"情境化"，将对认知的认识从个体加工机制的探讨转向社会实践活动的分析；并认为认知结构具有时间属性，某一时刻的认知状态只是连续动态变化中的一个即时状态，因此主张把实验法和自然法融通起来，在真实、自然的情境中对认知过程做实时的、具体的分析。[1]

具身认知过程具有整体性、动态性、连续性和交互性。整体性是指事件或情境中的各种因素交织在一起形成系统效应，其中机体与事件或遭遇中的其他因素相互影响、相互制约，共同构成动态平衡系统或整体。其中某一或某些部分变化（包括人或人的心理在内的），其他部分也会发生相应的变化，认知或智能是系统各部分交互作用以及与环境相互作用所涌现出来的整体行为。[2] 动态性是指机体与环境的相互作用处于不断的变化发展之中，参与因素、相互作用的方式或形式等都是动态变化的，因而在其中形成的心智或认知也是不断变化的，尤其是以动态形成的心智又反过来参与其中，导致这种相互作用变得更加复杂化、动态化，正是在这种复杂化、动态化中心智得以动态变化或发展。连续性是指机体与环境的相互作用是连续不断的，因而心智的演变或发展也是连续不断的，并反过来不断参与到机体与环境的相互作用中，形成心智在已有的基础上不断演变或发展。

---

[1] 赵蒙成，王会亭. 具身认知：理论缘起、逻辑假设与未来路向 [J]. 现代远程教育研究，2017（2）：28-33，45.

[2] 刘晓力. 认知科学研究纲领的困境与走向 [J]. 中国社会科学，2003（1）：99-108，206.

交互性是指人与环境的关系是一种双向互动的关系。人或其心智既是机体与环境相互作用的结果，又是这种相互作用的一分子，它与机体以及环境中的其他因素相互影响、相互制约，共同构成了动态平衡的系统。[1]

在国外，具身认知已经成为研究热潮之一，且相关理论研究已相当成熟，这不仅表现在理论上对具身认知的内涵和特征的阐述，还在实验上进行大量的实证研究来揭示具身认知的心理机制，而且进行了广泛的应用性研究。相比较而言，国内具身认知研究刚刚起步，处于幼年时期，不够成熟，无论在理论上还是在方法上，都存在着一些不足和局限。这主要表现在四个方面：首先，目前国内关于具身认知研究存在着各学科自说自话、各自为战的局面，尚未形成各学科之间对话、互补、统一的研究格局；其次，目前国内学界主要对国外具身认知研究进行介绍性综述，几乎没有独立的原创性研究；其三，目前国内学界主要从哲学和语言学领域首先介入具身心智探究，心理学相对滞后，而实证研究和应用研究相对匮乏，比较薄弱；最后，目前国内学界缺乏对中国传统文化中的具身性思想的本土研究，但它敏锐地意识到这一研究领域的前瞻性和对心理科学的变革意义。

目前具身认知研究自身面临指导思想和基本概念的不统一、缺乏自己的研究范式、缺乏统一的研究纲领等诸多问题和局限。未来更大的可能性应是认知研究者克服自身缺陷，加入新的身体变量和环境变量，更新研究理论与改良计算方法和实验范式，实现具身认知和传统认知的大融合。

具身认知是一个跨学科、跨领域的研究课题，涉及哲学、心理学、神经科学、认知人类学、认知语言学，以及计算机科学和机器人学等多学科的研究领域。因此，今后应该加强多学科、跨领域的交叉研究，为具身认知的科学研究提供多方面强有力的论据，构建一个多样性的统一的具身认知理论。鉴于我国学界哲学或理论研究有余、实证和应用研究不足的局面，

---

[1] 李炳全, 张旭东. 试论具身认知科学的典型理论特色 [J]. 心理学探新, 2015, 35 (3): 207–211.

今后应加强其应用研究，在实践方面，进一步拓展具身认知在教育学、语言学、人类学、临床治疗、音乐美术、体育运动等人类认知和行为的各种领域的应用性研究。[①]

具身思潮波及哲学、心理学、脑科学、神经科学和社会学甚至人工智能等领域，教育学界也纷纷借力具身认知，但除借鉴与引进之外，还要看到教育中本身存在的具身逻辑，从教学的实践及其历史脉络中分析具身化教学思想产生的道路。具身认知的发展恰好符合现在教育中一直遵循的发展逻辑。从心智至上到身体回归的教学改革，从直接经验和间接经验的纷争到互动建构式学习的提倡，都蕴含着逐渐摆脱单一知识授受、心智训练而走向具身化教与学的内在逻辑。基于以往忽视身体参与与情感体验的教学实践和历史，在教育框架中具身化教学的发展应该是逐渐突出身体、情感和环境在教学和学习中重要作用的过程。[②]具身认知聚焦于身体感知器官与各种环境的交互作用，强调身体的具身体验、情境交互和协作互动，可以在个体、社会及国家层面做出贡献，为改善学校学生管理与课堂教学实践，提高大学生的团体凝聚力提供新的思路和途径。

五、团体凝聚力的三重逻辑

团体凝聚力是团队信念、追求等内容的综合体现，是团队的灵魂和精神支柱。团体凝聚力的价值可以从历史逻辑、文化逻辑和实践逻辑得以体现。

（一）团体凝聚力的历史逻辑

互惠共生是自然界的普遍现象，更是人类社会发展的基本法则。在

[①] 赵蒙成, 王会亭. 具身认知：理论缘起、逻辑假设与未来路向 [J]. 现代远程教育研究, 2017 (2): 28–33, 45.

[②] 宋岭. 论具身化教学的生成逻辑 [J]. 教育发展研究, 2019, 39 (12): 78–84.

动物世界，狼群有组织、守纪律，角色分工明确，集体狩猎，才得以生存。在人类世界，古代的先人必须团结协作，才能对抗大自然的风雨而得以生存。

习近平总书记指出："我国历史演进的这个特点，造就了我国各民族在分布上的交错杂居、文化上的兼收并蓄、经济上的相互依存、情感上的相互亲近，形成了你中有我、我中有你，谁也离不开谁的多元一体格局。"①"只有传承和发展中华优秀传统文化，才能不断增强中华民族的向心力和凝聚力。"团体凝聚力在我国各民族共同缔造统一国家、救亡图存和发展进步的历史进程中，经历了自由、自觉和自强，即各民族团结一心，踔厉奋发，共同开拓了辽阔疆域，共同书写了悠久历史，共同创造了灿烂文化，共同培育了伟大精神，从时间与空间、物质与精神等维度揭示了团体凝聚力对团体和个体都会产生重要影响。

抗日战争时期，中国共产党倡议的国共合作结束了国家分裂、两党对立的局面，推动了全民族抗日统一战线的形成和发展，稳定了国内人心，举全国之力一致对外，对抗日战争的胜利起到了至关重要的作用。"星星之火，可以燎原。"中国各族人民同仇敌忾、同舟共济，经过十四年浴血奋战，终于取得了中国近代反侵略斗争史上规模最大、时间最长、动员最广、影响最深的一次民族解放战争的胜利，也是中国人民自鸦片战争以来一百多年间反对外来侵略的第一次民族解放战争的彻底胜利。抗战歌曲因其比其他文艺形式更易接触到、更易掌握，因其运用了大量的民族元素，并具有独特的感染力，而更能够凝聚起中国力量。抗战歌曲在抗战初期唤起了民族的自觉意识，在抗战中期激起了人们的反抗斗志，在抗战后期鼓舞了人民坚持到底的决心，凝聚起了国内外的人力、物力和财力，最终将精神力量转化为物质力量，为我们赢得抗战的最后胜利做出了重要贡献。②

---

① 习近平在全国民族团结进步表彰大会上发表重要讲话 [EB/OL] . [2019-09-27] . 中国新闻网, https://www.chinanews.com/gn/2019/09-27/8967141.shtml.

② 唐小芳. 抗战歌曲凝聚中国力量研究 [D] . 咸宁: 湖北科技大学, 2018.

民族传统体育提升团体凝聚力的理论逻辑与实践路径

翻开抗美援朝那段历史，我们再次感受到《跨过鸭绿江》的雄壮。1951年6月开始，全中国人民团结一心，捐钱、捐物、捐飞机和大炮，凝聚起磅礴的物质力量和精神力量，全力支持中国人民志愿军，在抗美援朝、保家卫国的战争中取得了胜利。

图2.8　全国人民团结一心，打赢保家卫国战

第二章 团体凝聚力的研究

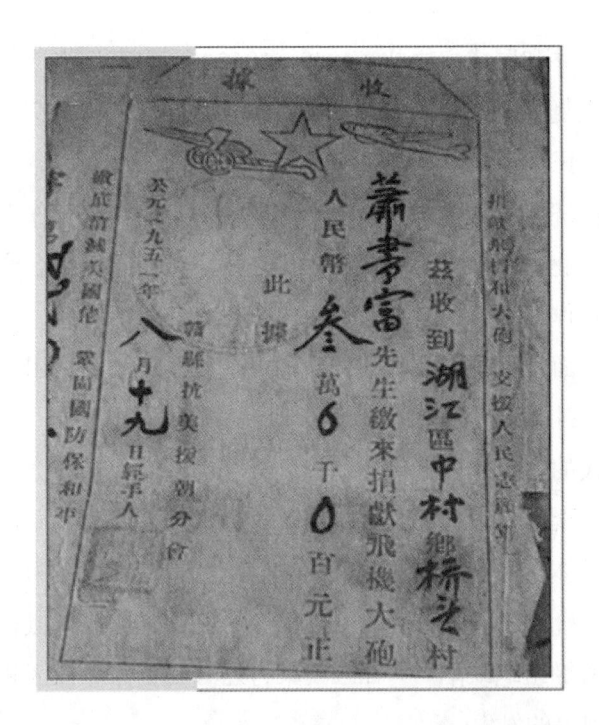

图2.9 七十多年前给抗美援朝捐飞机大炮的捐款收据

图2.10 乞丐也捐一顿饭钱

-55-

中华人民共和国成立之初（1949—1965），国家面临严重的财政经济困难。尽快恢复国民经济，打击投机资本，开展城乡物资交流，稳定市场物价，稳定人民生活，是摆在各级人民政府面前的迫切任务。作为有中国特色的合作经济组织，中华人民共和国成立初期的红色合作社在恢复国民经济、发展农业生产等方面发挥了积极作用。尤其是供销合作社作为农业流通领域的合作经济形式，在为农村提供生产和生活资料，帮助农民推销农副产品等方面发挥了不可替代的作用。这种具有团结作用的集体合作组织在当今的乡村振兴发展中依然起着举足轻重的作用。

在新时代的城镇社区建设中，社区凝聚力有效促进社会稳定。有学者认为，包括凝聚力在内的社会资本可以把社区维系成为共同体，不仅包括经济利益共同体，也体现为文化共同体。比如，刘智勇认为，培育社区信任可以突破身份信任与血缘信任，进而向社会信任转化，推进共同体建设，摆脱传统的血缘组织缺陷。[①] 社区凝聚力还有利于保障社区和谐稳定，减少违法犯罪现象的发生。

温斯坦（Weinstein）在研究社区自然环境时指出，社区凝聚力可以通过直接或间接的方式减少犯罪行为，有利于改善社区治安状况。[②] 如北京朝阳区居民参与破获了多起明星吸毒等大案、要案，被网友称为"朝阳群众"。[③] 在具有较高水平凝聚力的社区中，居民之间相互尊重和信任，彼此之间相互提供社会支持和邻里互惠，可以帮助彼此有效应对生活中的困难和挑战。这些研究表明，在保障社区运行的横向维度上，社区凝聚力具

---

① 刘智勇，贾先文. 重塑农村社区经济共同体——基于农村社区社会资本视角 [J]. 湖南社会科学, 2018 (6)：141–146.

② Weinstein N, Balmford A, Dehaan C R, et al. Seeing Community for the Trees: The Links among Contact with Natural Environments, Community Cohesion, and Crime [J]. BioScience, 2015, 65 (12)：1141–1153.

③ 搜狗网. 被朝阳群众送入牢房的十大明星 [EB/OL]. https://www.sogou.com/link?url=hedJjaC291MAtKnGaNtIuGHeqW4MNmL692ZWeO-H-XZhLWDl6AtVTw.

有整合内部力量、消除社区冲突和矛盾、引导居民加强社区建设的作用。杨辉在对黑龙江农村社区进行个案研究后认为，社区凝聚力是社区得以存在的根本依据，对社区的运行和发展具有不可或缺的重要意义，缺乏凝聚力的社区是无法存在和延续的。① 这种观点背后的机理是，分散、独立、无联结的个体无法形成有机的团结力量，无法抵御各种外来风险因素。而社区凝聚力的存在能够把分散的个体力量进行协调、联结和整合，并强化成有机同向的整体力量。陶元浩在论述社区凝聚力对于乡村社区未来发展的意义时，把当前农村社区存在突出问题的背后原因归结为"组织涣散""经济涣散"和"人心涣散"，针对这些"散"问题，提出了强化社区凝聚力建设的应对策略，把凝聚力建设作为乡村振兴和长远发展的必要保障和持久动力。② 这表明在促进社区发展的纵向维度上，社区凝聚力具有保障社区延续和长远发展的重要意义。另有研究表明：社区凝聚力作为一种无形的社区维系纽带，对居民的价值观念和行为具有很好的解释力，对居民治安参与具有正向影响作用。③ 城市社会治安综合防控体系建设和社区警务战略的有效运行离不开广泛的居民参与。居民参与社会治安治理能够提高治理效率，节省治理成本，创建平安的社会环境。

（二）团体凝聚力的文化逻辑

俗话说，"遇风尽是同舟客"。我们生活在一个地球村，各国休戚相关、命运与共。同舟共济、守望相助，是根植于中华民族血脉的文化基因；齐心协力、众志成城，是中国人民始终不变的共同信念；一方有难、八方支援，是我们坚定执着的实际行动。这种崇尚团结的文化传统，展现的是中国精

---

① 杨辉.农村社区凝聚力影响因素研究——基于黑龙江玉村的个案[D].哈尔滨：哈尔滨工程大学，2016：31.
② 陶元浩.农村社区凝聚力指标体系实证研究——以贵州省塘约村等三个行政村调查为例[J].中国特色社会主义研究，2018（2）：67-76.
③ 李荣誉.城市社区凝聚力对居民治安参与影响的实证研究[D].北京：中国人民公安大学，2019.

神、中国力量,与现代奥林匹克运动的价值理念相契合,不断激发着正能量。天安门城楼上有两句标语,其中之一就是"世界人民大团结万岁"。这句标语历经风雨沧桑而更显恒久魅力,启示人们消除歧见、相向而行,用行动传递团结的智慧,激荡团结的力量。例如,"团结协作"的"协",其繁体字"協",其实就是三柄木叉在翻土,那就是好多人一起劳动,引申开来,就是团结合作。① 再如"一个和尚挑水吃,两个和尚抬水吃,三个和尚没水吃""独木不成林"②"一花独放不是春,万紫千红春满园"③ 谚语"一个篱笆三个桩,一个好汉三个帮""二人同心,其利断金。同心之言,其臭如兰。"④"众人拾柴火焰高"⑤,以及"只要人手多,石磨挪过河""三个臭皮匠,顶个诸葛亮",等等,都体现出对团体凝聚力重要性的诸多阐释。励志歌曲《众人划桨开大船》采用的劳动号子风格,流畅有力,寓意齐心协力、团结互助的精神。

《众人划桨开大船》

一支竹篙耶难渡汪洋海,

众人划桨哟开动大帆船。

一棵小树耶弱不禁风雨,

百里森林哟并肩耐岁寒耐岁寒。

一加十十加百百加千千万,

你加我我加你大家心相连。

---

① 新浪网. 体会一个"协"字的深意 [EB/OL]. [2023-03-05]. https://k.sina.com.cn/article_7517400647_1c0126e4705903xs65.html.

② 出自汉·崔骃《达旨》:"高树靡阴,独木不林。"比喻个人力量单薄,要人帮助才能成大事。

③ 出自中国古代儿童的启蒙书目《古今贤文》:"一根竹竿容易弯,三根麻绳难扯断。一花独放不是春,万紫千红春满园。"

④ 出自《周易·系辞传上·第八章》,意思是:"两人同心协力,行动一致的力量犹如利刃可以截断金属;在语言上谈得来,说出话来像兰草那样芬芳、高雅。"

⑤ 出自姜树茂的《渔岛怒潮》第五章:"只要群众发动起来了,搬山山倒,填海海平。"

> 同舟嘛共济海让路，
> 号子嘛一喊浪靠边。
> 百舸嘛争流千帆进，
> 波涛在后岸在前。
> 一根筷子轻轻被折断，
> 十双筷子牢牢抱成团。
> 一个巴掌拍也拍不响，
> 万人鼓掌声耶声震天。

歌词朴实，通俗易懂，折射出团结一致的重要性。

中西方经典名句也折射出丰富的团结合作的价值蕴意。如魏源的"孤举者难起，众行者易趋"；《淮南子》中的"积力之所举，则无不胜也；众智之所为，则无不成也"；崔致远的"道不远人，人无异国"；巴金名著《寒夜》中的"和平不是一个理想，一个梦，它是万人的愿望"；《吕氏春秋》中的"万人操弓，共射一招，招无不中"；冯友兰的"五色交辉，相得益彰；八音合奏，终和且平"；纪伯伦的"整个地球都是我的祖国，全部人类都是我的同胞"；孙权的"能用众力，则无敌于天下矣；能用众智，则无畏于圣人矣"。

文化是民族的重要特征，民族是文化的重要载体。文化认同是最深层次的认同，是中华各民族的团结之根、和睦之魂。中华文化的精髓之一，是从各民族传统文化中融合、凝聚出的价值共识，其表现形式是爱国主义、团结统一、爱好和平、勤劳勇敢、自强不息等中华民族代代相传的精神。中华民族在悠久的发展历史中，积淀和形成了自己独特而伟大的民族精神和民族文化，其中的"和合"文化源远流长。"和""合"二字都见之于甲骨文和金文，"和"的初义是声音相应和谐，"合"的本义是上下唇的合拢。孔子以"和"作为人文精神的核心思想，"礼之用，和为贵"认为治国处事，礼仪制度，以"和"为价值标准。在处理人与人之间的关系时，孔子强调"君子和而不同，小人同而不和"，既承认差异，又和合不同的事物，通过互济互补，达到统一和谐。

汤一介先生十分重视"和合"文化中的和谐观念，他认为，中国哲学的和谐观念由四个方面构成，"由'自然的和谐''人与自然的和谐''人与人的和谐''人自我身心内外的和谐'构成了中国哲学的'普遍和谐'的观念。"在中华民族的发展演进中，"四海之内皆兄弟"的观念根深蒂固。因此，在中华民族大家庭的形成和发展过程中，尽管存在民族冲突，但各民族之间和睦相处和不断融合，一直是占主导地位的。邓小平提出的"一国两制"理论，香港、澳门的顺利回归，从理论和实践上提供了"和合"的范例。"一国两制"就是"和而不同"。

中国人民大学张立文教授早在1990年就提出了"和合学"思想，后来又发表了专著《和合学概论》。他认为："所谓和合，是指自然、和合、人际、心灵、文明中诸多元素、要素的相互冲突融合，以及在冲突融合过程中各元素、要素的优质成分和合为新的结构方式、新事物、新生命的总和。中华优秀传统文化是中华民族团结合作的根和魂，传统文化传承着精神力量。"

"和"指的是和谐、和平、中和等，"合"指的是汇合、融合、联合等。这种贵和尚中、善解能容、厚德载物、和而不同的宽容品格，是我们民族所追求的一种文化理念。自然与社会的和谐，个体与群体之间的和谐，我们民族的理想正在于此，我们民族的凝聚力、创造力也正基于此。[①]"和合"文化是中华民族特有的思想，正确弘扬"和合"文化是社会发展的需要，具有重要的现实意义。"和合"文化并非否定矛盾、斗争和冲突，而是既承认矛盾、冲突和差异，又解决矛盾、冲突，使诸多因素、各个不同的事物在对立统一、相互依存的和合体中，求同存异，达成平衡、和谐、合作的状态，把斗争限定在一定的范围内，包容合作，促使事态向各方有利的方向发展。这种"和合"思维方式取代了单纯的"斗争"冲突方式，避免了"既要想方设法获得利益，又要尽量避免受损失"的零和思维，是

---

① 习近平《之江新语》文章选登 [EB/OL] . [2013-01-27] . 人民网，http://theory.people.com.cn/n/2013/0127/c40531-20338746.html.

社会发展、人类进步付出最小代价，取得最大成果的思维行动方式，对当今社会仍然具有重要价值。"和合"文化是中华民族优秀传统文化的精髓之一，是中华民族团结统一和共同开拓生存空间的智慧思想，是中华民族生生不息代代传承的精神力量。中华民族绵延不绝传承至今，其原因众多，但中华民族优秀传统文化中"和合"文化的凝聚作用、向心作用不可低估。正是在和而不同、团结统一、包容合作和共同发展的中华文化的智慧思想影响下，中华民族从古至今一直保持着团结统一的国家状态，每一个炎黄子孙无论走到哪里都坚守着心向祖国、落叶归根的家国信念。今天我们正在为实现中华民族的伟大复兴而不懈努力，需要全体中华儿女的共同力量，凝心聚力，传承和发扬"和合"文化，铸牢中华民族共同体意识。中华民族优秀的"和合"文化，使每一个中华民族成员牢固树立"你中有我，我中有你，谁也离不开谁"的团体意识。

中华文明、中华文化为中华民族的发展提供了内在支撑和精神动力。2016年7月1日，习近平总书记在庆祝中国共产党成立95周年大会上指出："在5000多年文明发展中孕育的中华优秀传统文化，在党和人民伟大斗争中孕育的革命文化和社会主义先进文化，积淀着中华民族最深层的精神追求，代表着中华民族独特的精神标识。"

中华民族是一个文化共同体，它包容了不同的民族文化、地域文化；中华民族是一个利益共同体，这个共同体讲求全体成员相互关切、共赢互利；中华民族是一个命运共同体，它把全体成员的命运紧密地联系在一起，一损俱损、一荣俱荣，所有成员同呼吸共命运，创造历史、谱写辉煌，为中华民族共同体的繁荣昌盛共同奋斗。

中华民族是一个具有强大凝聚力和向心力的民族。这种凝聚力和向心力来源于中华民族对中华优秀传统文化的高度认同。中华文化所蕴含的民族精神、民族品质、民族美德等被中华民族代代传承，即使是移居海外的华侨、华人也生生不息、代代传承，认同中华文化，无论走到天涯海角，总要寻根问祖，回归中华民族共同体家园。

2014年召开的中央民族工作会议上，习近平总书记强调，"加强中华民族大团结，长远和根本的是增强文化认同，建设各民族共有精神家园……"中华民族共同体意识蕴含着中华民族政治法治共同体意识、经济利益共同体意识、文化精神共同体意识、社会生活共同体意识和生态治理共同体意识，植根于中华和合文化的土壤之中。"和实生物"的大一统观、"和衷共济"的发展观、"和而不同"的文明观、"贵和尚中"的交往观、"天人合一"的自然观，与铸牢中华民族共同体意识在逻辑上互洽，在情感上相通。在具体实践上，要以"和实生物"推动民族政策与法治规范有机统一，以"和衷共济"协调中华各民族区域发展共同利益，以"和而不同"助推中华各民族包容互鉴凝聚共识，以"贵和尚中"共筑中华各民族交往、交流、交融愿景，以"天人合一"打造中华各民族美丽宜居生态家园，持续铸牢中华民族共同体意识。[①]

建设中华民族共有精神家园，就是在社会主义核心价值观的引领下，弘扬各民族优秀传统文化，建设各民族共享现代文化，共同弘扬中华传统美德，从中凝练出中华民族共同体的团结和归属意识，铸牢中华民族共同体认同的思想基础。中华文化是中华各民族共同创造的文化集成，中华文明是中华各民族共同创造的文明的总称。中华文化包括从各民族传统文化中凝练出的优秀文化、价值理念、思想智慧、和合统一等共识，这是中华文化的核心，其表现形式就是团结统一、尊重差异、包容多样、和合共生等。中华文化的载体是以汉语（包括语言文字）为中华文化的表现形式、传播方式、交流手段、历史纪录等，是中华各民族共同认可并共同使用的交流、交往、交融的工具或手段。

（三）团体凝聚力的实践逻辑

当今世界，全球范围内的互动和融合越来越深化，世界越来越成为你

[①] 李晓云, 孙晓桐. 和合文化下铸牢中华民族共同体意识研究 [J]. 北方民族大学学报, 2023 (1): 55–61.

中有我、我中有你的休戚相关的命运共同体。防疫，我们面临全球挑战；全球气候变化，我们面临全球挑战。需众人携手努力、同舟共济。牢固树立人类命运共同体意识，坚持协同联动，打造开放共赢的合作模式，迎接全球挑战，共同创造美好人类社会。构建人类命运共同体是一个美好的目标，也是一个需要一代又一代人接力跑才能实现的目标。

团体凝聚力对于构建人类命运共同体、积极应对全球疫情等国际危机起着重要作用。2020年2月，日本捐赠给湖北抗疫物资外包装的标签上写了同样一句话："山川异域，风月同天"。各个国家应跳出小圈子，避免零和博弈思维，要树立大家庭和合作共赢理念。"这场疫情启示我们，我们生活在一个互联互通、休戚与共的地球村里。各国紧密相连，人类命运与共。任何国家都不能从别国的困难中谋取利益，从他国的动荡中收获稳定。如果以邻为壑、隔岸观火，别国的威胁迟早会变成自己的挑战。我们要树立你中有我、我中有你的命运共同体意识，跳出小圈子和零和博弈思维，树立大家庭和合作共赢理念，摒弃意识形态争论，跨越文明冲突陷阱，相互尊重各国自主选择的发展道路和模式，让世界多样性成为人类社会进步的不竭动力、人类文明多姿多彩的天然形态。"[1]

当前，世界经济复苏乏力，地缘政治局势紧张，粮食和能源等多重危机叠加。为应对当前的全球性挑战，2022年11月15日至16日，二十国集团（G20）领导人第十七次峰会在印度尼西亚巴厘岛举行，世界和地区大国的领导人面对面围坐一张会议桌前，共商全球性挑战的应对之策。中国国家主席习近平在峰会第一阶段上的讲话主题是"共迎时代挑战 共建美好未来"，他在发言中强调，"我历来主张，二十国集团要坚守团结合作初心，传承同舟共济精神，坚持协商一致原则"。他引用印尼谚语"甘蔗同穴生，香茅成丛长"，呼吁各方团结、共展责任担当之意尽显。他既阐明了团结的意义，也指明了分裂的后果。他直言："团结就是力量，分

---

[1] 习近平在第七十五届联合国大会一般性辩论上的讲话(全文) [EB/OL]. [2020-09-22]. 新华网, http://www.xinhuanet.com/politics/leaders/2020-09/22/c_1126527652.htm.

裂没有出路。"在世界面临重大挑战的时刻，中方明确表达，构筑"小院高墙"也好，搞封闭排他的"小圈子"也罢，都是早已过时的冷战思维，只会割裂世界，阻碍全球发展和人类进步。无论是世界经济脆弱性突出，还是地缘政治局势紧张，和平赤字、发展赤字、治理赤字的背后核心问题是国际社会缺乏有效的团结合作。分裂对抗不符合任何一方的利益，团结共生才是正确的选择。① 覆巢之下，焉有完卵。人类已经进入互联互通的新时代，各国利益休戚相关，命运紧密相连。携手共进，才能行稳致远。世界各国把人民对美好生活的向往放在心头，把维护和平、促进发展的时代使命扛在肩上，坚持多边主义、走团结合作之路，携手前行、接续奋斗，就一定能让梦想照进现实，让行动成就未来，不断书写构建人类命运共同体的新篇章，共创更加繁荣美好的世界！

民族凝聚力是提高国家竞争力的重要保障，团体凝聚力不仅对团体的发展有着至关重要的影响，也是维系团体的纽带，还深刻影响着整个团体目标的实现。团体凝聚力不仅是维持团队存在的必要条件，而且对团队潜能的发挥起着重要作用，有助于发挥 1+1>2 的团体效能。

综上所述，卡伦提出的团体凝聚力模型也存在一些不足：一是极少有中国文化或跨文化背景下的本土化研究；二是多停留在团体层次的研究，组织层次的研究极少；三是多为竞技运动团队的研究，对锻炼情境下尤其是自发性组织的锻炼群体的凝聚力几乎空白。由于中国社会长期以集体为本位的"差序格局"的组织形式存在，在差序格局中，人们关心的是"关系"和"交情"，与西方以个人为本位的"团体格局"不同，在团体格局中，人们关心的是义务和权利。因此，由个人意愿自发形成且保持相对稳定性的群众锻炼群体，其凝聚力的内容与影响因素应该有别于西方文化背景下的凝聚力特点，也有别于自觉形成的组织严密的竞技运动团队的凝聚力特点。

---

① 中国新闻网. 在"最微妙"的G20峰会上，习近平为何再提这句印尼谚语？[EB/OL]. [2022-11-16]. https://www.chinanews.com.cn/gn/2022/11-16/9895814.shtml.

第三章　体育团体凝聚力的研究

人是社会的人，人们参加体育活动往往以团体成员的身份出现。体育团体是指由体育教师与学生、教练员与运动员、锻炼指导者与锻炼者等人在同一规范与目标的指引下，协同工作的组织形式，包括学校运动队、民间体育社团（如上海精武体育总会、中华武术会等百年组织，以及被称为"百万娘子军"的创新型组织木兰拳协会）等。在体育教学、训练和比赛中，体育教师与学生、教练员与运动员、锻炼指导者与锻炼者等人为实现共同的目标各司其职，遵守着共同的行为规范，团结在一起，协调合作。

体育团体可分为广义和狭义两种。广义的体育团体指的是为了参与体育活动而结合在一起的各种人群，如体育社团、体育俱乐部、舞蹈队、舞龙舞狮队、兴趣小组等，团体成员具有相同的目标和群体意识，并具备人际互动关系。狭义的体育团体是特指以争取比赛优胜为根本目标，组织在一起的长期专门训练和比赛的专业运动队。一支成功的运动队是"一个有生命力的群体，其成员是全身心地投入完成共同的任务之中，他们团结一致并能够从中获得乐趣，最终总能高质量地达到目标"[1]。在竞技运动领域，教练员和运动员普遍认为，团体的凝聚力对运动队最终获取成功起着举足

---

[1] 季浏,殷恒婵,颜军.体育心理学[M].北京:高等教育出版社,2015.

轻重的作用，人们期望教练能够塑造团队的凝聚力以获取稳定的运动表现。在大众健身领域，成为各种锻炼团体中的一员是锻炼者坚持运动、以保证从体育活动中获益的有效方式。在学校体育中，无论是体育课的教学班集体，还是体育活动兴趣小组、体育俱乐部、体育社团和学校运动代表队等，团体凝聚力是这些学校体育团体存在和发挥功能的重要条件。[①]

随着全民健身运动的不断深入开展，注册的正式结构体育社团数量严重不足，进而自发形成了大量未注册的非正式结构体育社团。

第一节 体育团体凝聚力的概念及其特征

一、体育团体凝聚力的概念模型

全民健身情境中自发性体育锻炼群体的凝聚力包括个体、团体和组织三个水平，从个体、团体、组织和社会四个层面上构成了自发性锻炼群体凝聚力的影响系统。[②]狭义的体育团队是特指以争取比赛优胜为根本目标，组织在一起进行长期专门训练和比赛的专业运动队。无论是为了强身健体的目的而聚到一起的群体，还是为了获得比赛成绩而组成的专业运动队，团体凝聚力都是团体稳定发展的关键，也是我们研究的主要对象。

1982年，阿尔伯特·卡伦在其《体育团体动力学》一书中提出了一个经典的凝聚力定义。他指出，体育运动中的凝聚力是指体育教师、学生之间或教练与运动员之间彼此吸引、共同追求某一目标或分担团体目标的动态过程。体育团体的凝聚力可以通过教师和学生、教练员和运动员及团体的向心力、责任感、团体荣誉感，以及齐心协力同外来团体竞争的士气等

---

① 马启伟. 体育心理学 [M]. 北京：高等教育出版社，1996.
② 柳青，王深. 锻炼群体凝聚力的内容结构及其影响因素 [J]. 西安体育学院学报，2016，33(4)：410-417.

来体现，也可以用师生、学生与学生、队员与队员之间的关系，以及友谊和志趣等来说明。体育团体凝聚力反映团体倾向于黏合在一起，共同追求某一目标或对象的过程中团结在一起保持联合倾向的动力过程，该定义反映了凝聚力的动力实质，强调了目标的重要性，更适合运动队。

卡伦认为，体育领域的团体凝聚力是指"在力求达到目标时团体的聚合倾向所表现出来的动力过程"，强调了群体自身特点的重要性。[1] 根据团体凝聚在一起的两种不同主要目的，卡伦等人于1982年提出了体育团体凝聚力的概念模型，采用了一个可以操作的"2×2"的理论框架。[2] 他将团队凝聚力分为两个层面：一是团体对个人的吸引力（Individual-to-Group Cohesion），二是把团体作为一个整体（Group-as-a-unit Cohesion）。同时，每个层面又可进一步细分为任务和社会（社交）两种取向，任务取向表示团队内为达成共同目标而共同努力的程度，得出"团体整合—任务""团体整合—社会""团体对个人吸引力—任务"与"团体对个人吸引力—社会"四个维度。[3] 从团体任务吸引力（ATG-T）、团体社交吸引力（ATG-S）、团体任务一致性（GI-T）及团体社交一致性（GI-S）四个方面考查每一个团体成员对团体凝聚力的感知程度。团体任务吸引力表示每一个团体成员就其自身对团体任务和目标的投入程度的感知；团体社交吸引力表示每一个团体成员就团体对其接受程度及社交关系的感知，团队内成员相互吸引与交往的程度。团体任务一致性表示每一个团体成员对运动队作为一个整体，围绕团体任务的相似性、亲近性的感知；团体社交一致性表示每一个团体成员对运动队作为一个团体，围绕团体社交的相似性、亲近性的感知。

布劳利（Brawley）认为，这四个维度"可能是复杂的个人—环境吸

---

[1] Carron A V, Chelladurai P. The Dynamics of Group Cohesion in Sport [J]. Journal of Sport Psychology, 1981, 3 (2): 123-139.

[2] Carron A V, Brawley L R. Cohesion: Conceptual and Measurement Issues [J]. Small Group Research, 2000, 31 (1): 89-106.

[3] Carron A V. Processes of Group Interaction in Sport Teams [J]. Quest, 1981, 33 (2): 245-270.

引力的产物"①。在军事团队的研究中，曼宁（Manning）得出凝聚力包括三个层级水平，即士气（个人级别）、团队凝聚力（群体级别）和团队精神（部队级别）。②西博尔德等人的研究也证实了凝聚力具有组织层面凝聚力（Organizational Cohesion）的成分③，相当于曼宁提出的团队精神。这样，军事领域的团队凝聚力被视为一个"3×2"的架构，包括同级亲密关系与团队合作等的横向凝聚力，领导关心与能力等的垂直凝聚力，以及荣誉价值观与目标达成等的组织凝聚力等维度。国内学者李海等提出，组织凝聚力包括个体、团体和组织三个层次。④

所有团体的目标都是复杂变化的。因此，团体凝聚力也应该是多维度的，卡伦等人提出的体育团体凝聚力的概念模型如图3.1所示。

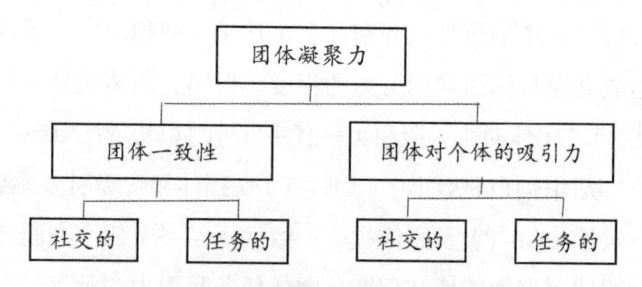

图3.1 体育团体凝聚力概念模型

凝聚力是一个过程，体现为团队内个体成员间相互吸引的程度，成员对团队的认同并愿意留在团队中工作的程度，团队（声望）对个人吸引和接受的程度，以及团队成员凝聚为一个整体以实现团队目标和任务的程度

---

① Brawley L R. Group cohesion: Status, problems and future directions [J]. International Journal of Sport Psychology, 1990 (21): 355-379.

② Manning F J. Morale, cohesion and esprit de corps [M] // (以色列) 盖尔, (美) 曼 格斯多夫. 军事心理学手册. 北京: 中国轻工业出版社, 2004: 391-410.

③ Siebold G L. The evolution of the measurement of cohesion [J]. Military Psychology, 2000, 7 (1): 5-2.

④ 李海, 张勉, 李博. 组织凝聚力结构与影响因素: 案例研究及理论建构 [J]. 北京师范大学学报 (社会科学版), 2009 (6): 47-56.

等四个方面。

体育团体凝聚力包含四个构成要素：团体任务吸引力、团体社交吸引力、团体任务一致性和团体社交一致性。

团体任务吸引力：目标凝聚力可以使整个体育团队凝聚在一起，只有团队成员的目标一致，形成一个强大的战斗力团队，才能激发团队成员的团结。只有建立团队发展的总体目标，并能融入个人目标，才能让所有的团队成员有一个共同的责任感和使命感，激发每个运动员的荣誉动机。

团体社交吸引力：社会资本、系统论中著名的"木桶原理"表明，水桶的容积并不取决于最长的木板，而是最短的木板。综合体育团队制胜力的整体效果与其构成要素的质量与数量也如同"木桶原理"。任何一个构成要素薄弱的环节都会影响团队整体的综合力量。此外，系统具有各构成要素所不具有的功能，即整体大于部分。一个全面体育运动队综合制胜力的大小，不但取决于运动员竞技能力的大小，还取决于成员与成员、运动员与教练员、运动员与领队等之间的关系，协同关系是其中最重要的关系。因此，在现代有比赛意识的教练员应主动调节和发挥全体成员各方面的力量，要把全队制胜力的整体效应综合地表现出来。

二、体育团体凝聚力的特征

团体凝聚力是指为了实现目标和（或）为了满足成员的情感需要，团体黏合在一起、保持一致性倾向的动态过程。与一般团体的凝聚力相比，体育团体的凝聚力具有非常突出的特点。因为由运动员、教练员和其他工作人员组成的体育团体有着明确的分工、一致的目标，并在体育竞技中承受着比赛的压力和较高的社会关注度，团队界限分明。

（1）多维性：体育团体成员之所以结合在一起有多方面的原因。例如，一支健美操队可能主要是围绕任务目标而结合在一起的，与此同时，这个团体可能会面临人际关系方面的冲突；而另一支健美操队可能并没有统一的任务目标，却可能因为人际关系聚合在一起。

（2）目的性：体育团体无论是因为某一目标任务还是其他因素而聚集在一起，都有明确的目的，凝聚力的目的特征是体育团体的动机基础。

（3）动态性：凝聚力不是一种暂时的状态，也不是稳定的特征，体育团体凝聚力的影响因素会随着时间的推移而不断变化。

（4）情感性：在体育团体建设的整个发展过程中，团体成员会形成各种复杂的社会关系，即使是在一个高任务定向的体育团体中，随着成员目的性和社会性的交往与沟通，社交凝聚力得以发展，成员们会感受到多种复杂的情感体验。

凝聚力高的体育团体主要表现为成员之间有高度的相互吸引力。在学校体育团体中，师生之间、学生之间的相互吸引力越强，团体的凝聚力就越高；对团体的有关问题持有共同的态度。师生对所要达到的教学目标的认同程度越一致，他们在教学活动中形成的凝聚力和团结性就越强；团体组织良好，能理解和接受成员的需要，相互关心、相互协作。当学校运动代表队中每一个成员都感受到"我们同属一个群体"时，他们在比赛中体现出的协同性和合作精神就会更加突出。

第二节 体育团体凝聚力的发展模式

在1984年，卡伦提出了团体凝聚力的三个发展模式：凝聚力的线性模式、凝聚力的钟摆模式和凝聚力的周期模式。

一、凝聚力的线性模式

塔克曼（Tuckman）于1965年提出，一个团队的发展需要经历五个不同阶段：形成、震荡、规范化、执行、中止。卡伦在此基础上指出，团体凝聚力发展也正如团队的发展一样呈现线性模式。团体凝聚力发展到最高水平的过程包括形成阶段、冲突和极化阶段、冲突解决阶段及非常合作的阶段。在形成阶段，运动员"破冰"，相互自我介绍，积极参与集体活动，为了共同的目标建立新型关系。在冲突和极化阶段，运动员开始对训练和比赛任务有关的实质问题提出不同的看法，冲突不断增加，团体或个体甚至会采取一种极端的态度或决策。在冲突解决阶段，队员开始共同确立能为大家普遍接受的规则，确定场上良好的表现标准。在最后的非常合作阶段，团体成员间的关系稳定，彼此融洽，为了实现团体目标而团结一致，目标往往在这一阶段得以实现。

二、凝聚力的钟摆模式

在凝聚力的钟摆模式中，卡伦认为，影响团体凝聚力的力量就像一个钟摆在摆动，这种模式比较适合解释学校运动队的凝聚力的变化过程。例如，校足球队在组建阶段，队员的集体感很强，每个队员都竭尽全力，发挥自己的最高水平。同时，他们分享着作为运动队一分子的喜怒哀乐。然而，在很短的一段时间之后，队员被分入不同人数的组，或被分为前锋、前卫、后卫、中场等不同角色。他们各司其职，每一组队员的练习有各自的要求，争夺主力位置的竞争也愈演愈烈，并不断发生冲突。当球队开始备战并准备参加某一具体比赛时，被选拔出来的队员又会齐心协力应对比赛。此时，凝聚力随着正式比赛的开始逐渐增强。在整个赛程中，由于队员受到的奖惩不一或比赛失败，钟摆可能会再次向不团结的方向摆动，团体凝聚力会下降。

三、凝聚力的周期模式

凝聚力的发展如同一个团体的成长周期一样，经历了从组建到解散的发展过程。在这个模型的最初阶段，团体成员会付出各种努力，同时也会发生各种冲突。接下来是一个令人无法容忍的考验过程，之后是行为规范的建立阶段，再接着是达到目标的阶段。最后，团体以分裂或解散的形式消亡。"磨合—成熟—破坏—重建—磨合"这种短暂的周期循环过程是高校高水平排球运动队的典型特征之一。

上述三种模式存在明显的相似之处，没有哪一种表现出绝对的优越性。卡伦指出，谈到团体凝聚力的发展模式，不在于选取哪种最适当的模式，而在于理解团体凝聚力的发展是一个动态过程。因此，作为体育教师，只有正确地理解团体凝聚力的动态发展过程，才能更合理地组织教学、优化教学氛围，才能更有效地管理运动队，发展和提高团体凝聚力。

第三节　体育团体凝聚力的测量

测量团体凝聚力的方法主要分为直接测量和间接测量，直接测量指的是问卷调查法，间接测量指的是社会测量法。

一、问卷调查法

直接测量法是通过问卷，调查队员在多大程度上愿意为团队承担责任和义务，以及团体凝聚力指数对运动员的吸引力程度，以此来评估该团体的凝聚力水平。前期对凝聚力的测量的方法比较简单，凝聚力操作属于单维度结构，只需用几个问题进行测量。在发展过程研究中，逐步出现了一些多维度、多层次的凝聚力的量表。

间接测量法试图通过问卷要求队员回答，如对队友的欣赏程度、看法等一类问题，并根据相应的评分标准来评定团体凝聚力的程度。

心理学家施考夫（Scoff）曾经提出了一份度量凝聚力大小的量表。他设计了九个形容词式的评判指标，请团体中的每一位成员说明他对其他成员的感觉，要求在以下空格中选取一个最适当的空格做个记号。记分方法是：合作、愉快、精力充沛、效率高和聪明，最左边的为7分，最右边的为1分，其他依次类推；吵架、自私、爱挑衅、不帮助人，则最右边的为7分，最左边的为1分，其他依次类推。内聚力的得分是以上分数之和（S）。班集体凝聚力 $C=\Sigma Sn/N$（N表示班集体测量人数），C值大，说明其内聚力高；C值小，说明其内聚力低。该问卷在心理学界有广泛的使用。

20世纪70年代后，国外学者编制了几种用于测量体育运动领域中团体凝聚力的工具，主要包括体育运动凝聚力问卷（SCQ）、团体凝聚力问卷（TCQ）、体育运动凝聚力测试（SCI）、团体心理问卷（TPQ）及团体环境问卷（GEQ）。

1985年，由卡伦等人编制了团体环境问卷（Group Environment Questionnaire，简称GEQ），其研究的重点是团体行为的社交领域及任务领域[1]，将凝聚力模型从多个层面进行探讨，并将其归为四个维度，即GI-T（团体任务一致性）、ATG-T（团体任务吸引力）、GI-S（团体社交一致性）、ATG-S（团体社交吸引力）。这份问卷成为体育运动领域中最常用的测量工具。

2004年，我国学者马红宇对该问卷进行了修订，并设计了《运动中群体凝聚力问卷》来调查高校高水平运动员群体凝聚力水平。[2]该量表共包括四个维度，即群体社交吸引、群体任务吸引、群体社交一致性和群体任务一致性，共计15个题项。这份修订后的量表被广泛应用于评价凝聚力与其他变量的关系研究。[3]此后，又有研究者对橄榄球运动中团队凝聚力的影响因素进行测量，将凝聚力量表从个人因素、团队因素、领导因素及

---

[1] Carron A V, Widmeyer W N, Brawley L R. The Development of an Instrument to Assess Cohesion in Sport Teams: The Group Environment Questionnaire [J]. Journal of Sport Psychology, 1985, 7 (3): 244-266.

[2] 马红宇. 群体环境问卷的修订 [J]. 北京体育大学学报, 2008 (3): 339-342.

[3] 王深, 刘一平, 谷春强. 业余体育团队凝聚力对成员锻炼坚持性的影响机制: 有调节的两层中介模型 [J]. 武汉体育学院学报, 2016, 50 (3): 73-80, 85.

环境因素四个维度进行细化。①②③

二、社会测量法

（一）社会测量法的内涵

美国心理学家莫里诺（J. L. Moreno）于1934年提出了一种研究方法，即通过向团体中的每个成员提出针对某项活动的问题，让他们选择自己喜欢或不喜欢的团体成员。然后，根据选择结果用数字和图形表示团体人际关系的方法。这种方法主要用于研究团体内（特别是小团体）成员之间的人际关系和人际相互作用模式，即所谓的社会结构。通过社会测量，人们可以了解人的人际知觉方式、团体凝聚力等团体特征。

莫里诺认为，在每一个群体中，成员与成员之间由于存在交往和相互作用的关系，他们的心理上必然会产生相互影响，而这种相互影响也一定会反映在他们彼此之间的行为上。那么，如果考查成员之间在特定情境下的相互选择行为或行为意向，就应该能够了解成员之间的心理联系状况。如果成员相互之间进行肯定的选择，那就意味着他们之间在心理上是相互接纳的关系；如果他们之间进行否定的选择，那就说明他们之间在心理上是相互排斥的关系。因此，在一个群体中，就只需测定成员在不同评价意义上对其他人的选择和他自己被选择的情况，就可以了解这些成员之间在该评价意义方面的人际关系状况，也可以了解该成员在群体中的地位，以

---

① 张倩, 周迎春. 橄榄球运动中团队凝聚力影响因素的测量与评价 [J]. 体育研究与教育, 2019, 34 (3)：79–84.

② 马德森, 刘一民. 体育团队凝聚力多维综合评价体系的研究 [J]. 北京体育大学学报, 2005, 28 (2)：152–154.

③ 邓小刚. 职业足球团队凝聚力多维综合评价体系构建 [J]. 西安体育学院学报, 2010, 27 (5)：548–550, 565.

及整个群体的结构状况。

社会测量法为社会网络分析奠定了计量分析的基础。社会网络分析（Social Network Analysis，简称SNA）是适应社会结构研究和社会关系研究需要而发展起来的一种分析方法。具体是指综合运用图论、数学模型来研究行动者与行动者、行动者与其所处社会网络，以及一个社会网络与另一社会网络之间关系的一种结构分析方法。社会网络分析使得体育社会学研究超越了之前所进行的关于单独的个体、集合及其特征的分析，转而对个体之间、更大更复杂的组织之间所形成互动关系的概念、模型和方式的研究。[1] 社会网络分析是在人类学、社会学、心理学和数学领域中发展起来的一种研究范式，它以"结构"的视角来分析人类社会，认为"社会网络"指的是社会行动者（social actor）及其间的关系的集合，行动者可以是个人、群体、组织乃至国家。强调每个行动者都与其他行动者有或多或少的关系。社会网络分析者建立这些关系的模型，力图描述群体关系结构，研究这种结构对群体功能或者群体内部个体的影响。因此，社会网络分析的主要单位不是行动者，而是行动者之间的关系。21世纪后，人们越来越多地通过网络进行沟通、交流及形成人际关系。社会网络领域包括：知识的结构（认知科学）、意义和符号的结构（文化研究）、个性特征和态度的结构（心理学）、物种共同体的结构（生态学）和社会支持网络等。[2]

一般而言，社会网络分析表现出两种不同的研究取向。一种是整体网络分析：主要研究的是群体中不同角色之间的关系结构，学术渊源主要来自莫里诺创立的社会测量学。在莫里诺时期，主要是引进数学的图论，使用社会关系图来代表小群体间的人际关系。然而，这种方法仅仅适用于小群体，一旦研究对象超过十个，图形将变得格外复杂，从而失去它

---

[1] 张存刚，李明，陆德梅. 社会网络分析———一种重要的社会学研究方法 [J]. 甘肃社会科学，2004 (2)：109-111.

[2] 魏顺平. 社会网络分析及其应用案例 [J]. 现代教育技术，2010，20 (3)：29-34.

本来简明的优势。之后，研究者引进数学中的矩阵方法，才为研究更多的被试提供了可能。目前，整体网络分析集中于社会心理学中的小群体内部关系研究，探讨网络结构随时间的变迁和网络中成员的直接或者间接的联系方式。

社会网络分析的另一种研究取向则是自我中心网络分析。主要关心的问题是个体行为如何受其人际网络的影响，进而研究个体如何通过人际网络结合成社会团体，学术渊源主要来自英国人类学家的社区研究。这一类研究目前集中在社会学尤其是新经济社会学的研究之中，并且逐渐拓展到社区、社会阶层、流动人口、社会变迁等整个社会学研究领域。主要核心概念有：网络的范围、网络的密度，以及网络的多元性、强弱联系。

社会测量法具有以下几个显著特点：

（1）涉及社会性的变量。它主要研究人际关系及人际结构特征，强调人与人之间的相互作用。

（2）社会测量是对人的某种评价，因此，它容易引起被测人较强的兴趣与动机。

（3）测量结果特别适合于小团体研究。在研究团体效率和凝聚力等方面具有很强的应用性。

（二）社会测量法的实施过程

社会网络分析的实施包括：①向被试提出具体的选择标准，标准尽可能用积极方式，如"你喜欢与谁一起讨论工作计划？"。②每次测量一般使用一个标准。③一次测量提多少个问题。按标准的重要性，选择的标准有强弱之分。例如，"毕业分配时你喜欢和班上的谁分到一起工作？"此问题对被试的生活有重要意义和长期影响，属于强标准。"你喜欢和班上的谁一起去郊游？"这可能是临时性、情境性的活动或任务，属于弱标准，例如，让受测人选择与谁在一起参加某次活动。

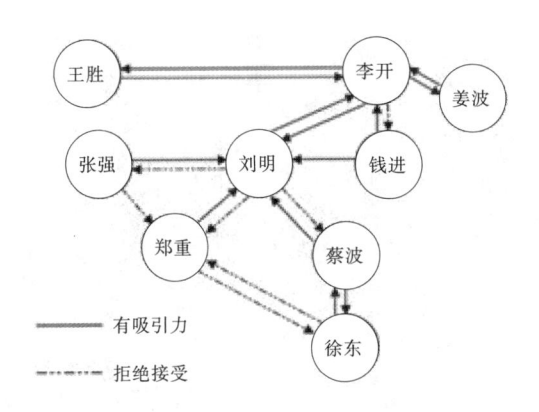

图 3.2　社交凝聚力的测量

社会测量法能够很好地测评社交凝聚力的水平，但是它对于评价一个以任务为中心目标的运动队的凝聚力时，这种方法存在局限性。许多早期运用社会测量法的研究都得到了团体凝聚力与运动成绩之间呈负相关的结果，这些结果直接影响着人们对团体凝聚力与运动成绩之间关系的理解。

根据要求，社会测量常用以下几种方式。

（1）等级排列法。将团体其他成员按喜爱程度排出等级顺序，然后对等级顺序进行加权记分。例如，给"最好"的同伴记 3 分，给"第二好"的同伴记 2 分，给"第三好"的人记 1 分。再将这些分数乘以被选次数，得出每个人的等级分数。

（2）靶式社会图。这种方式以靶图方式标出被选频次，靶心为频次最高的人，越向外周，被人选择的次数越少。钟宏通过 UCINET 的绘图功能，得到武汉市某家跆拳道馆学员的情感网络（如图 3.3 所示）。道馆学员间多形成"强"情感关系（学员间在情感问题中互选，以双箭头连接），关系较紧密。其中 11、12、15 和 16 号学员与多名学员建立了较强的情感关系，属于情感网络中的核心人物；而 1、2 和 18 号学员与他人建立的情感关系很少，处于情感网络的边缘。[1]

---

[1] 钟宏. 人际关系对跆拳道锻炼坚持性的影响——跆拳道锻炼群体的社会网络分析[D]. 武汉: 武汉体育学院, 2006.

整体关系图　　　　　　　强相连关系图（只包含互选关系）

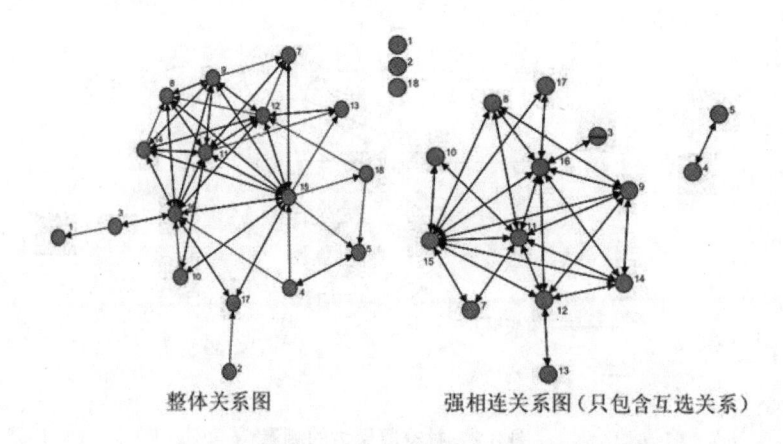

图 3.3　武汉市某跆拳道馆情感网络社群图（钟宏，2006）

研究者采用社会网络分析来探讨老年体育社团的人际关系。结果发现，每个老年体育社团都形成了多维度的人际关系网络，社团及其内部成员的成长和发展与社团人际网络结构相互影响、相互作用。老年体育社团整体网络结构的稀疏程度对社团的整体凝聚力具有重要影响。太极拳社团相比广场舞和气排球社团人际关系网络结构松散，因此太极拳社团内部凝聚力相对较弱。社团成员的人际网络构建受社团规模和性质的影响，其次社团的规模和性质也会影响社团整体网络的疏密程度和凝聚力大小。不同维度的网络结构会造成网络中成员位置的差异性。各个维度人际关系网络中均存在核心成员，即"中心人物"，他们对社团及其成员的发展发挥着至关重要的作用。每个老年体育社团人际关系网络中均存在明显的强弱关系区分，普遍存在小团体现象，其组成形式多样，且成员彼此间重叠性较高，由内部人际关系紧密的成员构成，多半是控制社团信息流动的枢纽。老年体育社团成员的强连带关系通过影响内部成员的参与积极性，进而影响社团整合及规范老年人进行体育锻炼活动。社团成员的位置中心性与其年龄、职业、参与动机和参与年限均存在相关性，但相关次数最多的属参与年限，意味着参与社团活动越久的成员越容易得到其他成员情感上的支持，从而在社团成员的情感与信息交流中占据主导地位，但同时其会主动输出技咨询支持。此外，社团成员的不同中心性变量之间也存在相关性。①

社会网络分析使得体育社会学研究超越了之前所进行的关于单独的个体、集合及其特征的分析，转而对个体之间、更大更复杂的组织之间所形成互动关系的概念、模型和方式的研究。②

社会测量法能够很好地测评社交凝聚力的水平，但是它对于评价一个以任务为中心目标的运动队的凝聚力时，这种方法存在局限性。许多早期运用社会测量法的研究都得到了团体凝聚力与运动成绩之间呈负相关的结果。这些结果直接影响着人们对团体凝聚力与运动成绩之间关系的理解。

（3）"猜测"技术。这种方法给受测人呈现一些有关积极或消极特征的简短描述，让他们列出与这一系列描述相匹配的人，然后根据这些选择做出分析。

社会测量法主要可以了解群体内部三个方面的问题：了解群体中最受欢迎的人，群体中有无非正式小群体，以及了解群体内部的人际关系整体状况。这种方法可以把群体成员心理上的结合加以数量化，而且揭示出的群体内的人际关系状况是不被当事人所觉察的，比如成员之间的好感或情绪方面的联系等。

另外，运用这种方法了解一个群体内的人际关系状况相对比较节省时间，因而，社会测量法一经问世，就受到许多心理学家、社会学家的广泛注意，被广泛运用于工厂、机关、学校等团体的各个方面的人际关系测查和人员选拔、人事推荐等。大量的研究者还为社会测量法的发展做了很多工作，提出了一系列测量方法的改进措施，如现在被广泛运用于儿童群体人际关系测量的"同伴提名法"，用于测查群体成员选择动机和被成员所重视的人员范围的"参照测量法"和"关系测量法"等。

---

① 熊海琴. 基于社会网络分析法的老年体育社团成员的人际关系研究 [D]. 南京: 南京师范大学, 2020.

② 梁红梅, 李晓栋, 李金龙. 社会网络分析在体育社会学研究中的应用价值及其局限性 [J]. 成都体育学院学报, 2015, 41 (4): 51-56.

第四节 体育团体凝聚力的后效变量研究

团体凝聚力（Cohesiveness）是维持团体存在的必要条件和实现团体目标的重要条件，体育团体凝聚力对体育团体和团体成员都具有非常重要的影响。

一、体育团体凝聚力对体育团体的影响

体育团体凝聚力与运动成绩之间的关系是研究者最为关注的主题。[1]

体育团体凝聚力与运动成绩是相互影响的。以往研究更多是将团体凝聚力作为中介变量，探讨前置变量对团体凝聚力的作用机制，继而分析团体凝聚力是如何影响运动群体的运动表现或成绩的。[2] 有研究以社会资本理论为基础，结合本土化的非正式结构体育社团成员社会资本（五个维度）、群体凝聚力（两个维度）、群体绩效三个量表对武陵山片区非正式结构体育社团成员进行调查，结果显示：群体凝聚力的两个维度（健身吸引、社交吸引）可以正向预测群体绩效。群体凝聚力在互惠互动、群体志愿对群体绩效的正向影响中起着完全中介作用；群体凝聚力在群体信任、社会支持、网络关系对群体绩效的正向影响中起着部分中介作用。[3] 作为组织文化的重要组成部分，近年团队美德对组织绩效的研究逐渐受到重视，并由以往基于康德主义和功利主义的研究转向实证分析。文章结合国内外研究成果，从团队美德这一视角，分析了团队美德和团队凝聚力对团队绩效的影响机理，构建了团队美德、团队凝聚力及团队绩效三者之间的关联模型，

---

[1] Raedeke T D, Smith A L. Development and Preliminary Validation of an Athlete Burnout measure [J]. Journal of Sport & Exercise Psychology, 2001, 23 (1): 281-306.

[2] 张影. 不同项目运动队群体凝聚力的多层分析 [D]. 武汉: 华中师范大学, 2006: 15-16.

[3] 谭延敏, 张铁明. 非正式结构体育社团成员社会资本对群体绩效影响的实证研究——基于群体凝聚力的中介 [J]. 武汉体育学院学报, 2018, 52 (10): 24-31.

根据对西安高新区企业的问卷调查，通过实证研究对构建的模型及假设进行了检验。研究发现，团队美德对团队凝聚力和团队绩效存在显著影响，并通过中介分析发现团队凝聚力在团队美德和团队绩效之间起到了部分中介的作用。①

卡伦在1980年对曲棍球运动的团体凝聚力的研究结果表明，团体凝聚力与运动表现存在正相关关系。② 马腾斯（Martens）等人的实验研究结果证明，篮球队团队凝聚力与运动成绩的关系紧密。在另一项研究中，马腾斯等探讨了赛季前的凝聚力对运动队成绩的影响。结果表明：篮球队的凝聚力越高，运动成绩越理想。马腾斯等人还探讨了运动成绩对团队凝聚力的反作用，结果表明，运动成绩较好的体育团队的凝聚力高于运动成绩较差的团队。③

随着卡伦等人体育团队环境问卷（GEQ）及马腾斯等人对体育团队凝聚力的研究逐渐发展成熟，一些学者对凝聚力与运动成绩的研究也得出了不同的结论。④

伊万斯对教育系统和心理学领域中有关凝聚力与成绩之间关系的27篇文章进行了元分析，结果表明：在团队凝聚力与成绩之间存在明显的正相关，并且对相互配合的运动项目（如篮球、曲棍球等）影响更大。研究者还指出，团体凝聚力对合作性和互动性的体育项目同等重要，并且对女性团体的团体表现影响更为显著。⑤ 另有研究发现：湖北高校高水平女排

---

① 谢永平, 常琳, 周爱林. 团队美德对团队绩效的影响——以凝聚力为中介变量 [J]. 华东经济管理, 2015, 29 (3)：110–120.

② Carron A V. Social Psychology of Sport [M]. New York: Mouvement Publications, 1980: 28–30.

③ Martens R, Peterson J A. Group Cohesiveness as a Determinant of Success and Member Satisfaction in Team Performance [J]. International Review for the Sociology of Sport, 1971, 6 (1)：9–61.

④ 马红宇, 王二平. 群体凝聚力与运动成绩关系：研究结果不一致的原因 [J]. 北京体育大学学报, 2002, 25 (6)：834–836.

⑤ Evans C R, Dion K L. Group cohesion and performance: A meta-analysis [J]. Small Group Research, 1991, 22 (2)：175–186.

运动队比赛成绩与团体凝聚力、比赛成绩与团体绩效为倒 U 形曲线关系。赛前团体凝聚力与赛后团体绩效、赛前团体绩效与赛后团体凝聚力间相关关系不显著。[①]

有研究者针对不同项目运动队的凝聚力问题展开了研究，研究结果表明：领导行为、角色投入和集体效能能够有效预测群体凝聚力。对于群体凝聚力在群体水平上的差异，群体水平的领导行为、角色投入和集体效能的解释量较大。领导行为、集体效能更应该看作是群体水平的预测变量，角色投入更应该看作是个体水平的预测变量。项目类型对群体凝聚力解释力不大。用每个运动队中运动员知觉到的凝聚力的均值作为该运动队凝聚力的群体分数，本研究将这些群体分数作为分类依据，对 81 个不同的运动队进行了聚类分析。结果显示运动队在凝聚力群体分数的中段产生了积聚，依照凝聚力高低分为高分组、中分组和低分组三种类型。三种类型的运动队主要表现出凝聚力在数量上的差别，不同的运动项目在这三种类型中没有差异。[②]

（一）团队凝聚力与团体效能

团体效能是指在某一特定情境下，团体成员对所在团体完成共同目标所具备的能力的信念，是为了做出有效的协同反应，对于如何分配、协调及整合团队所拥有的资源，团体成员共同持有的能力感。在体育运动团体中，尤其是对于一支运动队而言，许多比赛情境都需要整支队伍共同去克服困难，面对挑战，展现出有利于比赛结果的表现。团体效能反映了一个团体对做出成功表现的信心，它是影响团体行为表现的潜在力量。团体凝聚力与团体效能关系密切，团结的队伍拥有较高的团体效能。一项针对 7 支英式橄榄球俱乐部球员的研究表明，团体凝聚力，特别是任务凝聚力可

---

① 常琳.团队美德、团队凝聚力对团队绩效影响研究 [D].西安：西安电子科技大学，2014.
② 张影.不同项目运动队群体凝聚力的多层分析 [D].武汉：华中师范大学，2006.

以作为团体效能的预测指标。[1][2]

　　研究认为,专业运动员团体凝聚力与组织效能呈显著正相关。[3]以 I-P-O 模型(Input-Process-Output Model)作为基本的分析框架,以组织管理理论、组织行为学和运动训练学为理论基础,运用文献资料法、调查访谈法、定性分析法、统计分析法和逻辑推理法等研究方法,对我国高校高水平集体球类项目运动队的团队凝聚力和团队效能的关系进行分析。同时,初步构建了我国高校高水平集体球类项目团队凝聚力和团队效能的关系假设模型,并对模型中的部分环节进行实证分析。研究结果发现,我国高校高水平集体球类项目的团队凝聚力和团队效能在整体及各个维度上均呈正相关,它们之间是相互影响和相互促进的关系;高校高水平集体球类项目的团队凝聚力会对球队的团队生命力产生直接影响,从而影响球队的绩效,最终对球队的团队效能产生影响;团队凝聚力是团队冲突、团队动机和教练领导力与球队生命力的中介变量,但不是目标明确度与球队生命力的中介变量。[4]

(二)团队凝聚力与团体的稳定性

　　向心力使团体运行时间长,具有高凝聚力的运动队及其成员的稳定性很高。体育团体成员一起参加训练和比赛,可以增进他们之间的互相了解,彼此之间更默契,认同感更强,更加团结。以往有关研究表明,相比于凝聚力低的团体,凝聚力高的团体成员之间会更有吸引力,流失较少,团体

---

[1]　Kozub S A, McDonnell J F. Exploring the relationship between cohesion and collective efficacy in rugby teams [J]. Journal of Sport Behavior, 2000, 23 (2) : 120–129.

[2]　Marcos F M L, Miguel P A S, Oliva D S, et al. Interactive effects of team cohesion on perceived efficacy in semi-professional sport [J]. Journal of Sports Science and Medicine, 2010, 9 (2) : 320–325.

[3]　肖红,牛福安,王卫宁,等.高水平运动员自我效能感、群体凝聚力与组织效能关系研究[J].武汉体育学院学报, 2016, 50 (9) : 81–86.

[4]　窦海波,丁振峰,刘传海.高校高水平集体球类项目团队凝聚力与团队效能关系之研究[J].北京体育大学学报, 2015, 38 (3) : 132–138.

健康、持续、稳定地发展，促进团体成长。①②

（三）团体凝聚力与运动成绩

团体凝聚力与运动成绩相互影响。

1. 团体凝聚力影响运动成绩

在关于团体凝聚力和运动成绩两者关系的研究中，大多数研究选择将"团体凝聚力"作为自变量，分析其对"运动表现"的关系。国外学者马腾斯等人在进行凝聚力与运动成绩的综述性研究中发现，运动项目不同，团体凝聚力与运动成绩之间的相互关系亦不相同。

首先，单人项目团体凝聚力与运动表现呈现出负相关关系。马腾斯的研究发现：3名交往关系紧张的射击运动员的射击运动成绩优于3名人际关系融洽的射击运动员，原因可能在于单个运动员会因为激烈的竞争关系而提高自身的运动效率，而运动表现不需要团队合作。③

其次，在需要团队成员合作的团体项目中，团体凝聚力与运动成绩之间呈正相关。在一个体育团体中，如果成员团结协作、共同向目标努力，在比赛中就会展现出很好的精神面貌，从而取得优异的成绩。许多研究者指出，一个团体尤其是一支成功的运动队，它是"一个有生命力的群体，其成员全身心地投入完成共同的任务之中，他们团结一致并能从中获得乐趣，他们最终总能高质量地达到目标"。在体育竞赛中，教练员和运动员普遍认为，团体凝聚力对一支运动队最终获取成功起着至关重要的作用。

---

① 马群. 高校高水平排球运动员竞赛流畅体验、团队凝聚力对团队成长的影响研究[D]. 南京：南京大学，2018：22.

② Zeynep Onağ, Mustafa Tepeci. Team Effectiveness in Sport Teams: The Effects of Team Cohesion, Intra Team Communication and Team Norms on Team Member Satisfaction and Intent to Remain [J]. Procedia-Social and Behavioral Sciences, 2014 (150)：420-428.

③ Martens R, Peterson J A. Group Cohesiveness as a Determinant of Success and Member Satisfaction in Team Performance [J]. International Review for the Sociology of Sport, 1971, 6 (1)：9-61.

常言道，"士气是取得战争胜利的唯一的、最伟大的因素""凝聚力就是战斗力"，等等。

在全民健身领域，成为各种锻炼形式的团体成员是促进个人坚持体育锻炼，以保证从体育活动中获益的有效方式。为了提高人们参与健身运动的坚持性，进而提高身心健康水平，健身运动的指导者也会不断尝试在他们的训练团体中培养凝聚力。在学校体育中，无论是在上体育课的班集体、课外体育活动兴趣小组、体育俱乐部、体育社团，还是校级和院级运动队中，成员之间的相互联系、协作和对抗性的活动较多，体育教师经常充当处理个体与个体、个体与团体之间关系的组织者和协调者。团体凝聚力是这些学校团体最基本的心理特征，也是衡量一个集体是否具备战斗力，集体活动是否能达到预期目标的重要条件。

在那些强调任务凝聚力的比赛中（而不是社交凝聚力），以及那些强调相互配合的互动项目中（而不是个人能力），团体凝聚力对运动成绩的影响更为重要一些。卡伦及其团队对曲棍球运动的群体凝聚力的研究成果表明，团体凝聚力越高的运动队伍，其运动员之间更加团结，运动成绩也越高。[1]高凝聚力的团体更容易在活动或比赛中促进运动表现，获得优异成绩。其中的原因可能是社会促进作用，即由于团体的其他成员在场，消除了单调情境，形成愉快、和谐、团结的活动氛围，激发了个人的工作动机，从而提高了活动效率。此时的社交凝聚力起着不容忽视的积极作用。另一个原因可能是社会标准化倾向，即人们在团体中受到行为准则和团体规范的影响，个体行为差异变小，对目标任务有一种大体一致的看法，对活动程序有一定的标准。在这种情况下，任务凝聚力对活动表现的促进作用最大。

另外，团体项目的运动表现更加依赖团队合作，这些项目或比赛对团体成员间有着更密切的交往和更高的成就动机的要求。随着成员相互配合和相互支持的活动日益增加，在强烈的成就动机驱使下，整个团体的力量

---

[1] Carron A V. Group Cohesion and Individual Adherence to Physical Activity [J]. Journal of Sport and Exercise Psychology, 1998 (10)：127-138.

不断增强，自然容易获得更优异的运动成绩。在团体项目中，团队凝聚力与运动成绩之间呈正相关；而在一些共同活动要求不高的项目中（如游泳、高尔夫球等），运动成绩与团队凝聚力之间存在负相关关系。[1]

在竞技运动领域，团体凝聚力与运动成绩的关系存在两种不同的观点。一种观点认为，团体凝聚力会影响运动成绩，但并非唯一的影响因素；另一种观点认为，运动成绩会影响团体凝聚力。目前的观点是：团体凝聚力不一定是获得成绩的前因。[2]

2. 运动成绩影响团体凝聚力

国外学者通过《团体环境调查问卷》（GEQ）研究了运动成绩对橄榄球和游泳队凝聚力的影响。[3] 结果表明：GEQ 量表中的两个任务维度从赛前到赛后发生了显著变化，胜利后，橄榄球运动员的平均 GI-T（团体任务一致性）、ATG-T（团体任务吸引力）得分都有所增加。

体育团体凝聚力提高了运动成绩，还是运动成绩影响了凝聚力，孰因孰果？过去传统的观点可能过多地强调了凝聚力对成绩的影响，但是，后期的许多研究通过路径分析得出了结论：成绩对凝聚力的因果关系要更强一些。大多数研究者赞同团体凝聚力并不一定是获得成绩的前因，但目标的达成和成功的结果可以提高凝聚力水平的这种观点。

二、体育团体凝聚力的个人效益

体育团体凝聚力与团体成员的心理动力呈正相关。心理动力是由情境

---

[1] 毛志雄. 体育运动心理学简编 [M]. 北京：北京体育大学出版社，2011.

[2] 马红宇，王二平. 群体凝聚力与运动成绩关系：研究结果不一致的原因 [J]. 北京体育大学学报，2002，25 (6)：834-836.

[3] Kozub S A, Button C J. The influence of a competitive outcome on perceptions of cohesion in rugby and swimming teams [J]. International Journal of Sport Psychology, 2000, 31 (1)：82-95.

和个人因素影响产生的在认识、情绪、生理及行为上的积极或消极状态。团体凝聚力对团体成员的影响主要体现在认知、情绪、意志及行为方面的效益。

（一）体育团体凝聚力与个体的认知

与团体凝聚力产生关联的一个认知指标是角色模糊。任务凝聚力（团体任务吸引力和团体任务一致性）高的大学生篮球运动员较少报告来自活动职责范围内的角色模糊。[①] 另一个与团体凝聚力有关系的认知指标是认知状态焦虑，团体凝聚力越强，队员感受到的认知焦虑程度越低。

团队凝聚力和运动自信心是影响运动员比赛的两个重要的心理指标，近年来一些研究结果表明：团队凝聚力和自信心水平对团队成员之间的相互协作和良好成绩的取得起到了十分重要的作用。例如，大学生排球运动员团队凝聚力与运动自信心呈正相关关系。高水平组的团体任务吸引力和团体社交一致性维度具有显著意义；中等水平组的团体社交吸引力、团体任务一致性和团体社交一致性维度具有显著意义；低水平组的团体任务吸引力维度、团体社交吸引力维度、团体社交一致性维度具有显著意义。有研究发现，不同性别排球运动员团队凝聚力的四个维度都可以显著预测运动自信心。[②]

（二）体育团体凝聚力与个体的情绪、心境、满意度和情感需要

团体的凝聚力乃是团体成员发生作用的所有力量的汇合，既表现团队团结力量，又表现个体心理感受，在本质上体现了人的心理活动的知、情、

[①] Eys M A, Carron A V. Role Ambiguity, Task Cohesion, and Task Self-Efficacy [J]. Small Group Research, 2001, 32 (3): 356-373.

[②] 王丽霞. 不同水平大学生排球运动员团队凝聚力与自信心水平的相关研究 [D]. 呼和浩特: 内蒙古师范大学, 2018.

意的辩证统一。①

1. 体育团体凝聚力与个体的心理动力之间关系密切

在体育运动中，积极的心理动力可以增强个体的自信心，激发动机并赋予能量的感觉。观众的回应、比赛的重要程度、个人的技能水平等因素都会推动或阻碍心理动力转化为促进实际运动表现的过程。研究表明，在体育比赛中，心理动力（潜在的心理力量）似乎更垂青于那些任务凝聚力高的运动队。当凝聚力增强时，更容易激发团体心理动力。任务凝聚力与心理动力的感知之间存在很高的正相关性，凝聚力是心理动力的影响因素。

2. 体育团体凝聚力与团体成员的心境密切相关

对于英式橄榄球、赛艇、隔网运动的运动员来说，团体凝聚力与抑郁、生气、紧张等消极情绪呈负相关。

另外，当团体凝聚力增强时，可以激发团体心理动力，增加运动员或学生面对困难的坚韧性。②③④

3. 体育团体凝聚力与团体成员满意度相关

在田径项目中，凝聚力可分别在训练指导行为等五种不同性质的教练员领导行为与运动员满意度间发挥完全中介作用，即训练指导行为等五种不同性质的教练员领导行为对运动员满意度所发挥的影响作用主要是通过凝聚力的间接效应所产生的。⑤任务性的团体凝聚力主要通过对团体成员

---

① 时蓉华. 社会心理学 [M]. 浙江: 浙江教育出版社, 1998: 211.

② Prapavessis H, Carron A A, Spink K S. Team building in sport [J]. International Journal of Sport Psychology, 1996, 27 (3): 269-285.

③ Kozub S A, Button C J. The influence of a competitive outcome on perceptions of cohesion in rugby and swimming teams [J]. International JourNal of Sport Psychology, 2000, 31 (1): 82-95.

④ Carron A V, Widmeyer W N, Brawley L R. The Development of an Instrument to Assess Cohesion in Sport Teams: The Group Environment Questionnaire [J]. Journal of Sport Psychology, 1985, 7 (3): 244-266.

⑤ 负政. 凝聚力在教练员领导行为与田径运动员满意度间的中介效应研究 [D]. 兰州: 西北师范大学, 2022.

能够努力并不断完成团队的任务目标起作用,社交凝聚力主要通过提升团体成员的交往起作用,个体在这种积极的交往中不断提升自身能力,增加自我满意感。[①]对男子冰球运动员而言,任务凝聚力可以用来预测队员对任务的满意感;而社交凝聚力可以用来预测队员对社交的满意感。总体而言,这两个模式都认为,成绩、满意感和团体凝聚力之间存在着密切的关系。

4. 体育团体凝聚力满足成员的心理需要

体育团体凝聚力满足团体成员的归属感。正如歌德所言:"不管努力的目标是什么,不管他干什么,他单枪匹马总是没有力量的。合群永远是一切善良思想的人的最高需要。"归属感是个体自觉地归属于所参加团体的一种情感,有了这种情感,个体就会以这个团体为准则进行自己的活动、认知和评价,自觉维护这个团体的利益,并与团体内的其他成员在情感上产生共鸣,表现出相同的情感、一致的行为,以及所属团体的特点和准则。例如,一个运动员在社会上表明自己的身份时,会说自己是某个学校的毕业生;到了学校,则强调是某个系的学生;到了系里,又表明自己是某个班的。这种校、系、班身份的意识,就是归属感的一种具体表现。由于团体凝聚力的高低不同,团体的归属感表现的程度也就不同。团体凝聚力越高,取得的成绩越大,其成员的归属感也就越强烈,并以自己是这个团体的成员而感到自豪。所以,先进团体成员的归属感比落后团体成员的归属感要强烈。另外,一个人在一生中可能同时或先后参加多个不同的团体,他对这些团体都产生归属感,而最强烈的归属感是对他生活、工作和其他方面影响最大的那个团体。一般来讲,人们对家庭的归属感要比对工作团体的归属感强烈得多。

体育团体凝聚力提升团体成员的认同感。认同是一种情感的传递、被他人同化、同化他人的过程,团体认同感就是团体中的成员在认知和评价

[①] 王庆宝. 团体凝聚力对高校龙舟队员满意感的影响:运动激情的中介作用[D]. 武汉:华中师范大学, 2018.

上保持一致的情感。团体中的各个成员有着共同的兴趣和目的，有着共同的利益，于是在面对团体外部的一些重大事件和原则时，都自觉地保持一致的看法和情感，自觉地使群体成员的意见统一起来，即使这种看法和评价是错误的，不符合客观事实，团体成员也会保持一致，毫不怀疑。例如，当某个成员与团体外的他人发生意见冲突时，团体内的其他成员就会与本团体的这个成员的意见保持一致，认为他说得对，并批驳对方。

一般而言，团体中会出现两种情况的认同。一是由于团体内人际关系密切，团体对个人的吸引力大，个人在团体中能实现自己的价值，使各种需要得到满足，于是成员会主动地与群体发生认同，这种认同是自觉的。另一种认同是被动性的，即在团体压力下，为避免被团体抛弃或受到冷遇而产生的从众行为。后一种认同是模仿他人，受到他人的暗示影响而产生的，尤其是在外界情况不明，是非标准模糊不清，又缺乏必要的信息时，个人与团体的认同会更加容易发生。

团体凝聚力能够促进团体成员之间的情感关系。体育团体凝聚力的互动性能够促进团体成员之间的交往、交流和交融，增进了解，加深友情，增强队员之间的认同感，增强队员的集体归属感与集体荣誉感。[1] 产生互补性帮助，减少队员间的攻击型心理与行为，能使教练员及时发现并处理问题。

（三）体育团体凝聚力与个体的行为：锻炼坚持性

团体凝聚力与团体成员参加体育锻炼的态度和行为之间存在密切的联系。团体不同于随机人群的特点在于吸引力、归属感及个人对团体的投入，而这三个因素正充分反映了凝聚力的本质。越来越多的研究表明，提升锻炼团体的凝聚力可以促进成员锻炼行为的持久性与积极生活方式的养成。[2]

---

[1] 游佐华，汪焱. 互动——提高团队凝聚力的最佳方法 [J]. 体育成人教育学刊, 2004 (S1): 9-10.

[2] Prapavessis H, Carron A A, Spink K S. Team building in sport [J]. International Journal of Sport Psychology, 1996, 27 (3): 269-285.

团体形式的锻炼已经成为我国群众体育的主要形式，"群体比个人更有助于提高锻炼坚持性"成为共识。当团体凝聚力增强时，可以激发团体心理动力，增加运动员继续参加比赛或学生坚持参加体育活动的可能性（即锻炼坚持性）。有研究表明，社会支持（包括团体凝聚力在内）可以激发人们参加锻炼的动机并维持锻炼行为，减少人们在体育运动中的退出行为。张倩研究了体育团体凝聚力对维持团体成员坚持性之间的关系。研究表明，青少年的团体凝聚力不仅对其锻炼坚持性具有显著的直接影响，也可通过锻炼自我效能感对其产生显著的间接影响，即锻炼自我效能感在团体凝聚力与锻炼坚持性之间起着显著的部分中介作用。[1]

鉴于不同文化背景下团体凝聚力对成员锻炼坚持性影响的复杂性，在研制锻炼坚持性问卷的基础上，研究者以自发组建的各类球类团队、自行车俱乐部、体育表演团队等锻炼团体成员为调查对象，对其团体凝聚力、锻炼自我效能和锻炼坚持性进行测量，运用多层线性模型技术，探讨我国自发性锻炼群体的凝聚力对成员锻炼坚持性的解释力和影响机制。结果发现：锻炼坚持性的内容结构包括努力投入、情感体验与行为习惯三个维度；业余体育团队的凝聚力既可以直接促进成员个体的锻炼坚持性，也可以通过提升成员锻炼自我效能来间接促进个体的锻炼坚持性；并且在成员锻炼自我效能与其锻炼坚持性关系中，团体凝聚力还进一步发挥了显著的负向调节作用。[2] 昆明市普通高校自发性锻炼团体中，高坚持性大学生锻炼团体凝聚力整体水平较高，团体成员的锻炼坚持性与团体凝聚力呈正相关。[3]

---

[1] 张倩. 青少年体育活动团体凝聚力与成员锻炼坚持性的关系：锻炼自我效能感的调节与中介作用[D]. 福州：福建师范大学，2014.

[2] 王深，刘一平，谷春强. 业余体育团队凝聚力对成员锻炼坚持性的影响机制：有调节的两层中介模型[J]. 武汉体育学院学报，2016, 50 (3): 73–80, 85.

[3] 张新东. 昆明市大学生高坚持性体育锻炼团体凝聚力特征研究[D]. 昆明：云南师范大学，2022.

第五节 体育团体凝聚力的前因变量研究

凝聚力是体育团体实现团体目标的关键要素。但是，体育团体凝聚力的形成和提高受诸多因素的制约。团体凝聚力的影响因素是多元的、复杂的，团体凝聚力的形成和增强不仅受到主观因素的制约，还受到客观因素的制约。卡伦提出，凝聚力受情境因素、个人因素、领导因素和团队因素的影响。[1] 有研究者从个体、团体、组织和社会环境四个层面，探讨全民健身情境中自发性体育锻炼群体的凝聚力特点。自发性锻炼群体的凝聚力包括领队吸引力、积极交往、任务协作、价值认同与资源共享五个维度，它们从个体、团体和组织三个水平上构成了锻炼群体凝聚力的内容；锻炼群体凝聚力的主要影响因素包括个人动力爱好、群体锻炼氛围、团队建设、活动组织、经费收支、组织发展保障等，它们从个体、团体、组织与社会四个层面上构成了自发性锻炼群体凝聚力的影响系统。[2]

体育团体凝聚力是团体成员（包括个人因素和领导因素）在互动情境中具身培养起来的，"具身认知"强调认知生成的具身性逻辑，与学校体育以身体为依托实现对学生全面教育的内涵相吻合。体育团体凝聚力的形成与培养受团体内、外部多方面因素的影响，这些因素包括体育与环境交织而成的各要素（体育生态系统的组成部分）。本研究以体育生态系统和具身认知理论为基础，将团体凝聚力的影响因素概括为情境因素、人的因素和团体因素。这种视角的优势在于将体育团体视为一个组织系统环境，从而分析在组织运行过程中各个系统对凝聚力产生的影响。

---

[1] Carron A V. Cohesiveness in Sport Groups: Interpretations and considerations [J]. Journal of Sport Psychology, 1982, 4 (2): 123–138.

[2] 柳青, 王深. 锻炼群体凝聚力的内容结构及其影响因素 [J]. 西安体育学院学报, 2016, 33 (4): 410–417.

一、影响体育团体凝聚力的情境因素

近年来,身体与环境的互动、个体认知过程中的情境因素已逐渐成为具身认知领域的研究热点。[1]认知并不是单独存在的,而是与社会、情境产生交流,与环境相融合。认知的生成离不开所处的情境,认知的方式、过程、结果都与情境紧密相连。具身认知理论认为,认知本身就不是浮于表面的简单印象,它是基于实践的动态产物,形成于身体的实践之中。身体这个机体将认知与环境有效连接在一起,为环境与认知的创造和生成、交流提供了一个稳定的媒介,对于认知的生成具有决定性意义。[2]具身认知理论的学术旨趣在于批判传统认知理论"离身"特征的二元叙事,并基于身心合一的一元论,构建了认知的具身性、情境性及生成性,强调认知是身体、情境及其交互活动生成的结果。[3]

具身认知理论强调认知的情境性,表现为认知是社会的,认知是身体的物理属性同社会环境相互作用的结果。[4]环境并非只是提供信息的客体,其与身体体验无法脱离,环境与身体形成了一个互相影响的动力系统。环境包括自然环境、社会环境和规范环境,其中,社会环境包括宏观环境(政治环境、经济环境、社会文化环境和科技环境)和内部环境(学校体育环境、家庭体育环境和社区体育环境)。以体育生态系统和具身认知理论为基础,审视体育教学、运动训练中的具身意蕴,营造"身体生成"的具身性教学训练情境,以期为解决体育教学、运动训练实践中的身体认知困惑

---

[1] 黎晓丹,叶浩生,丁道群.通过身体动作理解人与环境:具身的社会认知[J].心理学探新,2018,38(1):20-24.

[2] 何静.具身认知研究的三种进路[J].华东师范大学学报(哲学社会科学版),2014,46(6):53-59,150.

[3] 冯振伟,张瑞林,杜建军.基于具身认知理论的体育教学意蕴及其优化策略[J].沈阳体育学院学报,2017,36(5):97-102.

[4] 李恒威,盛晓明.认知的具身化[J].科学学研究,2006,24(2):184-190.

提供参考。

依据生态系统理论，家庭、学校、宗教等群体属于微系统，民族、国家等群体则体现了个体生活的物质、文化背景，因此兼具外部系统与宏观系统的特点。

（一）外部宏观环境

外部宏观环境是指影响一切行业和企业的各种宏观因素：政治法律环境（Political Factors，P）、经济环境（Economic Factors，E）、社会文化环境（Socio-cultural Factors，S）和技术环境（Technological Factors，T），简称PEST[①]分析。近年来，管理学领域的这一理论被广泛运用到体育领域。

1. 政治法律环境

政治法律环境是提高团体凝聚力的关键因素，包括国家的社会制度，政府的方针、政策，政局的稳定性，政府组织的态度，政府制定的法律、法规等。它既有体制的保证，也有政策和法律的护航。

国内社会：习近平总书记指出"各民族要相互了解、相互尊重、相互包容、相互欣赏、相互学习、相互帮助，像石榴籽那样紧紧抱在一起"。我国的团体凝聚力主要体现在各民族的大团结和中华民族共同体的建设。我国将民族团结的原则明确地写入《共同纲领》、历次《宪法》等法律之中，使民族团结成为各族人民的共同意志，也使维护民族团结成为每一个人的法定义务。[②]依法治理民族事务，确保各族公民在法律面前人人平等。全面贯彻落实民族区域自治法，增强各民族的自主权和自治权，健全民族工作法律法规体系，依法保障各民族合法权益。2019年，中共中央办公厅、

---

① 于志华. 基于PEST框架的我国民族民间体育赛事发展环境研究 [J]. 体育科技文献通报, 2014, 22 (12)：16-17, 19.

② 中国政府在维护民族团结方面采取的措施 [EB/OL]. [2014-02-26]. 民族网, http://www.minzu56.net/zc/9303.html, 2014-02-26.

国务院办公厅印发了《关于全面深入持久开展民族团结进步创建工作铸牢中华民族共同体意识的意见》（以下简称《意见》）。《意见》指出，中华民族共同体意识是国家统一之基、民族团结之本、精神力量之魂。党的十八大以来，以习近平同志为核心的党中央高度重视民族工作，着眼培育中华民族共同体意识，创新推进民族团结进步创建，取得显著成绩。各民族交往交流交融广泛拓展，中华民族共同体意识不断增强，平等团结互助和谐的社会主义民族关系不断巩固和发展。同时应该注意到，新形势下民族团结进步创建工作仍存在体制机制不健全、载体方式不适应等薄弱环节。因此，《意见》要求，深化民族团结进步宣传教育，促进各民族交往交流交融，提升民族团结进步创建工作水平。[1]

党的十一届三中全会以后，全国绝大部分省、自治区、直辖市先后召开了民族团结进步表彰大会，并逐步形成了层层召开、定期召开的制度。在此基础上，国务院于1988年4月首次召开了全国民族团结进步表彰大会，表彰民族团结进步的先进人物和集体，总结推广典型经验。这使得民族团结正在成为一种社会舆论，成为一种社会风尚。在2019年的全国民族团结进步表彰大会上，习近平总书记强调，中国特色社会主义进入新时代，中华民族迎来了历史上最好的发展时期。同时，面对复杂的国内外形势，我们更要团结一致、凝聚力量。要坚持党的领导，团结带领各族人民坚定走中国特色社会主义道路。[2]

近年来，党中央高度重视社会团体事业的发展，进一步加强引导扶持，增强社会团体的凝聚力，不断促进社会团体健康有序发展，以更好地发挥作用。在此背景下，体育组织如雨后春笋般发展起来，提升体育组织的基

---

[1] 中共中央办公厅 国务院办公厅印发《关于全面深入持久开展民族团结进步创建工作铸牢中华民族共同体意识的意见》[EB/OL]. [2019-10-23]. 新华网, http://www.xinhuanet.com/politics/2019-10/23/c_1125142776.htm.

[2] 习近平. 在全国民族团结进步表彰大会上的讲话[EB/OL]. [2019-09-27]. 中华人民共和国中央人民政府, https://www.gov.cn/gongbao/content/2019/content_5442260.htm, 2019-9-27.

层自治水平，满足成员的自主需求，是提高凝聚力的关键。坚持党对民族地区的领导是提升民族基层治理水平、提高凝聚力的核心要素，需要在充分发挥群众参与、突出群众主体地位的同时，不断完善基层党组织对民族地区的治理实效，以巩固来之不易的脱贫攻坚成果。一是体现在治理能力方面。"生活富裕"是乡村振兴的要求指向，在"脱贫"已见成效之后，"致富"已经成为民族地区民族产业发展的重要命题。在发展民族特色体育旅游的过程中，需要少数民族地区基层政府组织认清关键性问题所在，以新发展理念为基本遵循，治理主体有效下沉。近年来，"村BA"和"村超"等体育组织之所以能火遍全国，除了依赖于群众的体育基础和运动热情之外，也与当地政府顺应民意、因势利导、提高服务水平密不可分。这些体育组织始终坚持"人民体育人民办、办好体育为人民"的理念，顺应人民群众的意愿心声，实现从管理型政府向服务型政府的职能转变，推动了其持续健康发展。借鉴台江县"村BA"的办赛经验，榕江县的"村超"也坚持开放办赛：不收门票、不拉赞助，村民自己成为办赛主体，与当地相关组织携手合作，分工协作。这种做法既化解了政府组织办赛的经济压力，又实现了赛事的开放性和公益性的双赢。为了给办赛提供和美顺畅的环境，政府要求商家不乱收费，确保物价稳定和住宿安全。交管部门细化道路交通安全管理，加强交通疏导，为赛事活动保驾护航。相关部门向全县群众发出倡议，提醒大家维护"村超"品牌，用心用情接待游客，及时跟进相关诉求，做友爱市民，打造和谐幸福榕江。把石灰线圈出来的河滩足球、院坝足球，办成火爆全国的绿茵场上的"村超"，尊重群众创造精神，把群众所爱、所想摆在首位，把群众心里乐呵的事引导好、服务好、保护好，这就是"村超"的"成功密码"。①

继台江的"村BA"之后，贵州榕江又因"村超"这一民间体育赛事

---

① 新华社聚焦贵州"村超"：这件事，"火"得有道理！[EB/OL].[2023-06-12].ZAKER六盘水, http://www.myzaker.com/article/64871bb38e9f093bac62f5c9.

火爆"出圈",引起社会广泛关注。全称为"贵州榕江(三宝侗寨)和美乡村足球超级联赛"的"贵州村超"实行村民自治,全民参与,其中,参与比赛的裁判、球员都是当地从事不同职业的村民。"村超"是一次主体性、全员性、互动性的体验,是以人民为中心的发展思想的生动体现,是人民群众追求美好生活的行动展示,是推进基层治理体系和治理能力现代化的生动实践。"村超"秉持以球会友、以球促赛,增进省内外各民族的交往,形成了一股磅礴的凝聚力,成为民族团结深度融合的典范。

国际社会上,当今世界并不太平,煽动仇恨和偏见的言论不绝于耳,由此产生的种种围堵、打压甚至对抗对世界和平安全有百害而无一利。历史反复证明,对抗不仅于事无补,而且会带来灾难性后果。要摒弃冷战思维,和平发展、合作共赢才是人间正道。不同国家、不同文明要在彼此尊重中共同发展,在求同存异中合作共赢。习近平两次以"舟"作喻:"世界各国与其在190多条小船上,不如同在一条大船上,共同拥有更美好未来","共同坐上新时代的'诺亚方舟',人类才会有更加美好的明天"。

2. 经济环境

体育是人类的一种社会实践活动,经济发展的水平和社会需要是体育事业发展的物质基础和社会基础。经济发展水平决定着体育的结构,体育事业发展的规模与速度,体育人才培养的规格和发展方向。在中华人民共和国成立初期,我国百废待兴,经济发展水平低,所以只能采取"举国体制",各民族拧成一股绳,发展竞技体育。如今,国家的经济水平提高了,有足够的财力投入社会体育和学校体育的发展事业中,体育基础设施、体育训练器械装备、场地等只有得到增加和改善,广大人民群众才有可能参加经常性的体育锻炼和运动训练,才能提高人才培养质量,满足人民群众日益增长的精神文化需求。改革开放以来,中国经济的迅猛发展,有能力举办大型国际赛事。2022年冬奥会在中国顺利举行,得益于中国改革开放形成的深厚物质基础和科技实力,具有极强的时代意义。

俗话说，"仓廪实而知礼节，衣食足而知荣辱"①。三年疫情后，随着我国经济的强劲复苏，人民的生活质量得到了大幅提高，人们的闲暇时间增多，参与体育锻炼的机会增加，国民经济的快速发展为体育社团的发展提供了良好的机遇。

经济的发展决定体育的运行机制。以前我国实行的是计划经济体制，我国体育领域实行的是单一的公有制和计划体制。但是改革开放后，大部分体育单位逐步引入市场机制，逐渐走上职业化、产业化道路。"民族传统体育+旅游"在民族团结中的价值突出，通过参与民族特色体育旅游项目，广大群众深入少数民族地区，感受民族文化，加强民族之间的认同，以此推动民族团结融合，例如，扎崇节的歌舞狂欢、彝族的火把节的燃情夏夜。在人民对美好生活向往强烈增长的时代，繁荣民族体育旅游能更好地展示少数民族优秀的传统文化，促进民族交流团结。借助民族特色优势大力发展文旅产业，具有稳固脱贫攻坚的成果、缓解民族生存压力、促进民族富裕和推动民族团结的良好效果。

与此同时，各种非营利性民间体育组织逐步兴起，节庆体育成为群众体育的重要形式。民族传统体育与节庆体育相互支持，相得益彰。我们应该以民族传统节庆体育开发为契机大力开展民族传统体育活动，更好地传播和继承体育文化。只有这种相互支撑才能有效促进民族体育活动的开展，才能实现节庆体育旅游的开展，才能解决传统体育文化传承与保护及地方经济发展的问题。②

广西壮族自治区南宁市武鸣区三月三歌圩运动会是10多万人共同演绎的盛会，以具有地方民族特色的传统体育项目为主，千人竹杠阵竞赛、30人板鞋竞速、滚铁环混合接力赛、抢花炮比赛等集体性项目，在促进当

---

① 出自《史记·管晏列传》。
② 陈文华,张兆龙,康厚良,等.仪式性节庆体育市场化思考——基于旅游仪式理论[J].沈阳大学学报(社会科学版),2014,16(3):308-312.

地经济发展、丰富民众文化生活的同时，促进了当地少数民族传统体育文化资源的交流与传承，提高了各民族的体育团体凝聚力。①

　　随着各地经济的发展，民族民间体育赛事也得到了更强的物力财力支持。近年来，榕江、台江乡村旅游和特色农业等产业取得了长足发展，群众的收入也实现了较大增长。2022年，台江经济增速位居贵州全省之首，榕江的经济增速也高出全省平均水平1.5个百分点。党中央高度重视并加强对少数民族地区的扶持力度，推动经济的发展繁荣，把发展经济文化事业作为促进民族团结的基础。把各族人民对美好生活的向往作为奋斗目标，确保少数民族和民族地区同全国一道实现全面小康和现代化。近年来，"村超"和"村BA"没有专业球场、标准设施和职业裁判，有的只是群众纯粹的热爱和对体育精神的追逐，每一个人都能在其中享受运动带来的最本真的快乐。"村BA"和"村超"的组织者都明白，追求纯粹、享受纯粹是保持其活力四射的关键。所以，"村BA"和"村超"都拒绝了商业合作，不接受任何广告投资，竭尽所能保留"村味儿"，始终成为一股乡村文化的清流。

　　"村超"以民为本，开辟赛道，引爆"超经济"。汇聚民智，发挥品牌效益。坚持"群众当家、政府服务、体育打头、经济助阵"的理念，"村超"的火爆出圈既反映出人民群众日益增长的物质文化需要向美好生活需要的转变，又反映出人民群众蕴藏着无穷的智慧和力量。"村超"不仅是乐子，更是路子，当地政府和广大干部借助"村超"的东风，听民声、顺民意、汇民智，因势利导，顺势而为，让甜甜榕江的"超经济"名片更响，榕江人民的"口袋"更鼓，少数民族群众的"脑袋"更富。贵州村超吸引大量游客拥入，以体促旅，带动了当地的经济发展，实现社会效益和经济效益双丰收，确保发展成果由人民共享真正落到实处。

---

　　① 黎晓春，张兆龙，陆元兆，等. 广西少数民族传统节庆体育活动商业推广研究——以武鸣县"三月三"歌圩运动会为例[J]. 西安体育学院学报，2010，27（4）：441-444.

3. 社会文化环境

文化和体育，两者紧密联系，互相影响。文化是一个国家、一个民族的灵魂，体育则可以彰显这个国家和民族的精神状态。体育运动是文化活动的重要组成部分，文化的发展和体育运动的发展彼此相互促进。中华民族的复兴离不开中华文化的复兴，中华文化的复兴离不开中国体育文化的复兴。

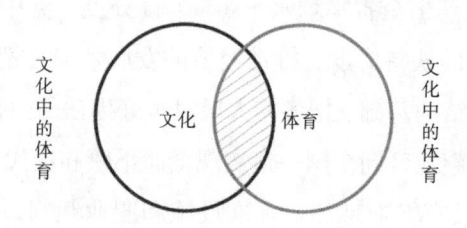

图 3.4 体育和文化的关系

今天，中国的体育事业蓬勃发展。体育文化的理念、内涵深入人心。全民健身广泛开展，体育产业更是吸引了众多社会力量的积极参与，体育事业的欣欣向荣极大地推动了社会主义文化的繁荣发展。民族传统体育文化是中华优秀传统文化的重要组成部分，其蕴含的万物共生生态思想、民族和国家共同体意识形态是社会主义核心价值观形成的思想基础，为提高团体凝聚力指引价值取向。

民族的文化属性往往决定了该民族的文化价值观和思维方式，成为民族进步和社会发展的原动力。我国是一个多民族的国家，民族众多，文化多元。党的十九大明确把"铸牢中华民族共同体意识"作为一项战略任务提出，并写入了党章，这也是我们新时代团结各族人民实现中华民族伟大复兴的必然要求和重要保障。中华民族是历史形成的一个命运共同体，维系这个命运共同体的基本纽带是各民族共同认同的优秀文化，它也是构成中华民族生生遗续的重要文脉和血脉。中共中央办公厅、国务院办公厅印发的《关于实施中华优秀传统文化传承发展工程的意见》中更是明确提出："迫切需要深化对中华优秀传统文化重要性的认识，进一步增强文化自觉和文化自信；迫切需要深入挖掘中华优秀传统文化价值内涵，进一步激发中华优秀传统文化的生机与活力；迫切需要加强政策支持，着力构建中华优秀传统文化传承发展体系。"[1] 其中用了三个"迫切需要"深刻阐述了中华优秀传统文化在中华民族伟大复兴进程中的重要性。

根据习近平总书记提出的"弘扬中华优秀传统体育文化"的指示精神和有关要求，学者白晋湘认为，中华优秀传统体育文化根植于中华民族优秀的文化土壤之中，蕴含在人们的生产、生活与社会环境中，并世代相传，成为中华民族独有的文化气质，具有一定的社会价值和影响力，能振奋民族精神、凝结民族情怀、促效社会发展的体育文化活动。[2] 中华优秀传统体育文化是中华传统文化体系的一个极为重要的组成部分，其包括了中华体育文化节庆项目、中华体育民俗民间项目，以及中华优秀传统民族项目三大方面。因而，真正意义上的中华优秀传统体育文化囊括了人们在参与体育运动时所创造和保存的所有体育制度、体育活动形式及体育精神。

节庆体育可以提升团体凝聚力。我国少数民族的民族节日有各式各样的主题，但它们都有一个共同点，就是体育活动是节庆仪式的重要内容，信念大多也以体育仪式的方式来展现。这是一种在民族节日里规模化、程序化、仪式化的，民族成员自发的、群体性的、普遍的民族体育活动，通常被称为"节庆体育"[3][4]。"侗乡花炮节"、端午龙舟赛等仪式性节庆体育充满民族信仰，对促进提高团体凝聚力具有重要作用。

仪式（ritual）是文化的传承，是人类的行为标记。集体仪式（collective ritual）不仅是人类学、民族学、宗教学及社会学研究最为关注的一种文化

---

[1] 中共中央办公厅 国务院办公厅印发《关于实施中华优秀传统文化传承发展工程的意见》[EB/OL]. [2017-01-25]. 新华网, http://www.xinhuanet.com/politics/2017-01/25/c_1120383155.htm?isappinstalled=0&winzoom=1.

[2] 朱晓红，白晋湘. 中华优秀传统体育文化助力特色小镇建设价值与路径 [J]. 体育文化导刊, 2021 (7): 78-83.

[3] 田祖国. 少数民族节日体育发展研究 [J]. 民族论坛, 2009 (6): 31-32.

[4] 陈文华, 张兆龙, 康厚良, 陆元兆. 仪式性节庆体育市场化思考——基于旅游仪式理论 [J]. 沈阳大学学报 (社会科学版), 2014, 16 (3): 308-312.

现象，还得到社会心理学、认知科学、进化人类学及认知神经科学研究者的青睐。集体仪式能解决伴随社会群体建设和发展所产生的适应问题[1][2]，其功能主要有四个，即识别群体成员、保证群体成员对群体的承诺、促进与联盟的合作、维持群体凝聚力。[3][4][5]除此之外，集体仪式还能维持社会秩序、减少群体冲突[6]，从而促进群体建设[7][8]。

人类学家早就提出，集体仪式能将个体和群体联结在一起。[9]社会联结（social bonding）是个体对周围世界人际关系亲密度的自我觉察，是个体归属感的重要成分。同时，社会联结高的个体与群体中的其他成员有更多的亲密感，倾向于认同他人，将他人看成友好可亲的，还会积极参与到社会团体活动中。[10]集体仪式对社会联结具有正向预测作用。集体仪式——特别是那些引人注目的、涉及更多努力或痛苦的、可以在参与者之

---

[1] Legare C H, Watson-Jones R E. The Evolution and Ontogeny of Ritual [M] // The Handbook of Evolutionary Psychology. Vol. 2: Integrations (2nd ed.). Hoboken, NJ: Wiley, 2015: 829–847.

[2] Whitehouse H, Lanman J A. The Ties That Bind Us [J]. Current Anthropology, 2014, 55 (6): 674–695.

[3] Legare C H, Watson-Jones R E. The Evolution and Ontogeny of Ritual [M] // The Handbook of Evolutionary Psychology. Vol. 2: Integrations (2nd ed.). Hoboken, NJ: Wiley, 2015: 829–847.

[4] Watson-Jones R E, Legare C H. The Social Functions of Group Rituals [J]. Current Directions in Psychological Science, 2016, 25 (1): 42–46.

[5] Shaver J H, Sosis R. How Does Male Ritual Behavior Vary Across the Lifespan?: An Examination of Fijian Kava Ceremonies [J]. Human nature: an interdisciplinary biosocial perspective, 2014, 25 (1): 136–160.

[6] Jones D. Social Evolution: The ritual animal [J]. Nature, 2013, 493 (7433): 470–472.

[7] Rossano M J. The essential role of ritual in the transmission and reinforcement of social norms [J]. Psychological Bulletin, 2012, 138 (3): 529–549.

[8] Uche C O, Atkins J F. Accounting for rituals and ritualization: The case of shareholders' associations [J]. Accounting Forum, 2015, 39 (1): 34–50.

[9] Hagen E H, Bryant G A. Music and dance as a coalition signaling system [J]. Human Nature, 2003, 14 (1): 21–51.

[10] Lee R M, Robbins S B. The relationship between social connectedness and anxiety, self-esteem, and social identity [J]. Journal of Counseling Psychology, 1998, 45 (3): 338–345.

间产生共同强烈情感体验的集体仪式的参与，最终会让参与者感到更接近其他群体成员。[1] 剧烈的仪式（intense rituals）能增加群体凝聚力和合作行为[2]，且仪式强烈程度与小规模群体的认同相关[3][4]。

包括同步动作的集体仪式也是有效的群体联结活动。[5] 雷迪什（Reddish）等人对比了同步条件与非同步条件下被试的社会联结感，结果发现：同步动作促进了个体与其他群体成员的同一感和社会联结。[6] 然而，同步动作和同步声音虽然提高了被试对社会联结的知觉，但是这种积极影响只有小到中等程度。[7] 此外，不同努力程度的同步动作对社会联结的影响不同。研究者发现，站立完成的全身同步舞蹈动作和坐着完成的同步手势相比，前者需要付出的努力更多，产生的社会联结水平也更高。[8] 社会联结水平还与同步动作的节奏相关，从同步动作的节奏可以推

---

[1] Páez D, Riméb, Basabe N, et al. Psychosocial Effects of Perceived Emotional Synchrony in Collective Gatherings [J]. Journal of Personality and Social Psychology, 2015, 108 (5): 711–729.

[2] Atran S, Henrich J. The Evolution of Religion: How Cognitive By-Products, Adaptive Learning Heuristics, Ritual Displays, and Group Competition Generate Deep Commitments to Prosocial Religions [J]. Biological Theory, 2010, 5 (1): 18–30.

[3] Choi J K, Bowles S. The coevolution of parochial altruism and war [J]. Science, 2007, 318 (5850): 636–640.

[4] Ginges J, Hansen I, Norenzayan A. Religion and Support for Suicide Attacks [J]. Psychological Science, 2009, 20 (2): 224–230.

[5] Tarr B, Launay J, Cohen E, et al. Synchrony and exertion during dance independently raise pain threshold and encourage social bonding [J]. Biology Letters, 2015, 11 (10): 1–4.

[6] Reddish P, Tong E M W, Jong J, et al. Collective synchrony increases prosociality towards non-performers and outgroup members [J]. British Journal of Social Psychology, 2016, 55 (4): 722–738.

[7] Mogan R, Fischer R, Bulbulia J A. To be in synchrony or not? A meta-analysis of synchrony's effects on behavior, perception, cognition and affect [J]. Journal of Experimental Social sycology, 2017 (72): 13–20.

[8] Tarr B, Launay J, Cohen E, et al. Synchrony and exertion during dance independently raise pain threshold and encourage social bonding [J]. Biology Letters, 2015, 11 (10): 1–4.

断个体社会联结的水平。①。

集体仪式对社会联结的作用可以用两个机制加以解释。一方面，集体仪式会引起个体和他人的融合，模糊自我和他人的边界，拉近彼此的心理距离。②另一方面，研究者发现内啡肽（endorphins）能引发积极的情绪，如愉悦和快乐。通过内啡肽的释放，同步动作能增加社会联结。③④⑤⑥以上两个过程的最终结果都是群体凝聚力的提升。

集体仪式增加内群体接纳和归属感，集体仪式是人们获得内群体归属（intergroup affiliation）的一种手段。集体仪式的参与能让个体在群体中获得地位、避免排斥，最终为群体所接纳。⑦除促进个体与群体成员的交往外⑧，集体仪式还能提高个体对其他群体成员动作感知的敏感性，增加群体成员在之后共同任务中的成功，进而提高社会凝聚力。⑨

集体仪式提高了群体内部的凝聚力，这种作用机制表现为个体在群

---

① Lakens D, Stel M. If they move in sync, they must feel in sync: Movement synchrony leads to attributions of rapport and entitativity [J]. Social Cognition, 2011, 29 (1): 1–14.

② Tarr B, Launay J, Dunbar R I M. Music and social bonding: "Self–other" merging and neurohormonal mechanisms [J]. Frontiers in Psychology, 2014, 5 (e42): 1096.

③ Lang M, Bahna V, Shaver J H, et al. Sync to link: Endorphin-mediated synchrony effects on cooperation [J]. Biological Psychology, 2017, 127 (1): 191–197.

④ Launay J, Tarr B, Dunbar R I M. Synchrony as an Adaptive Mechanism for Large-Scale Human Social Bonding [J]. Ethology, 2016, 122 (10): 779–789.

⑤ Tarr B, Launay J, Dunbar R I M. Music and social bonding: "Self–other" merging and neurohormonal mechanisms [J]. Frontiers in Psychology, 2014, 5 (e42): 1096.

⑥ Tarr B, Launay J, Cohen E, et al. Synchrony and exertion during dance independently raise pain threshold and encourage social bonding [J]. Biology Letters, 2015, 11 (10): 1–4.

⑦ Fischer R, Xygalatas D. Extreme Rituals as Social Technologies [J]. Journal of Cognition & Culture, 2014, 14 (5): 345–355.

⑧ Páez D, Rimé B, Basabe N, et al. Psychosocial Effects of Perceived Emotional Synchrony in Collective Gatherings [J]. Journal of Personality and Social Psychology, 2015, 108 (5): 711–729.

⑨ Valdesolo P, Ouyang J, DeSteno D. The rhythm of joint action: Synchrony promotes cooperative ability [J]. Journal of Experimental Social Psychology, 2010, 46 (4): 693–695.

体中进行合作并配合领导人员的动员以达到群体内的协调一致。这种对于群体凝聚力的促进作用保证了群体的正常运行，同时延长了群体所存在的时间。[1]

文化是民族存在的方式，也是民族凝聚力和创造力的内在源泉和动力。而共同的文化认同可以形成一种强烈的对群体的忠诚、依附和归属感，它也是培养凝聚力、铸牢民族共同体意识的重要根基。习近平总书记曾指出："文化认同是最深层次的认同，是民族团结之根、民族和睦之魂。"[2]"推动各民族文化的传承保护和创新交融，树立和突出各民族共享的中华文化符号和中华民族形象，增强各族群众对中华文化的认同。"[3] 这已成为实现社会稳定和民族团结的基本保障，也是凝心聚力实现中华民族伟大复兴的重要精神纽带。

全民健身活动赋能提高民族凝聚力。新时代，全民健身领域中呈现出开放、包容的态势，中西方体育彼此包容发展。2023年，贵州省黔东南州榕江县各个村子自发组织的球队在"和美乡村足球超级联赛""厮杀"，"草根"球员踢出"世界波"。"村超"火遍全国，火过中超，让足协都有点"坐立不安"。在这里，最炫民族风与最酷足球赛撞了个满怀。[4] "村超"不仅仅是足球文化的魅力展示，同时，赛前和赛中精彩的文艺及民族文化的表演涵盖了当地的美食文化、非遗文化的展现（图3.5），使苗族芦笙表演、侗族大歌等非物质文化遗产以及苗族牯藏节仪式表演、多耶舞等民族节目表演走进更多人的视野，球场一瞬间成为榕江各民族的超级大联欢，独特

---

[1] Legare C H, Watson-Jones R E. The Evolution and Ontogeny of Ritual [M] //The Handbook of Evolutionary Psychology. Vol. 2: Integrations (2nd ed.). Hoboken, NJ: Wiley, 2015: 829-847.

[2] 习近平. 论党的宣传思想工作 [M]. 北京: 中央文献出版社, 2020: 85.

[3] 习近平: 在全国民族团结进步表彰大会上的讲话 [EB/OL]. [2019-09-27]. 人民网, http://politics.people.com.cn/n1/2019/0927/c1024-31377570.html.

[4] 王璐瑶, 田旻佳, 熊江睿, 等. 贵州"村超"为什么火？这里有中国乡村幸福的模样 [EB/OL]. [2023-06-09]. 光明网, https://life.gmw.cn/2023-06/09/content_36620045.htm.

的民族风情让人沉醉其中流连忘返①，人文特色赋能加持，以"文"育"体"，实现了传统的与现代的、民族的与潮流的交融。

图3.5 "村超"期间的民族文化展演

香港明星足球队亮相贵州，与"村超"展开友谊比赛，感受"全民运动精神"，踢完球后集体唱《铁血丹心》，引发现场万人大合唱。②

图3.6 香港明星足球队空降贵阳，与"村超"进行友谊比赛

---

① 王炳真，杨光明.【头条】贵州"村超"与民族团结的深度融合[EB/OL].[2023-06-15].秘境黔东南, https://new.qq.com/rain/a/20230615A03DQW00.

② 香港明星足球队与多彩贵州联队友谊赛在贵阳举行[EB/OL].[2023-08-13].中国新闻网, http://www.chinanews.com.cn/ty/2023/08-13/10060368.shtml.

在长阳土家族自治县的长阳广场，人们在风清气爽的清江边，既可以欣赏拉丁舞等西方体育带来的美感，也享受着土家族"巴山舞"和"撒叶儿嗬"等民族传统体育文化的浸润，以及由此带来的民族自豪感和民族归属感。

图 3.7　长阳土家族自治县长阳广场民众自发组织跳"撒叶儿嗬"

4. 技术环境

科技创新是文化发展的重要引擎。在文化全球化的背景之下，一个民族文化影响力的提升，不仅取决于文化产品内容的独特魅力，同时也取决于国家是否具有先进的通信信息和广泛的传播功效。[①]"文化与科技融合"重大战略的提出，为我国民族传统体育文化的传播指明了方向。文化与传播实为一体之两面，文化为体，传播为用，体用结合。没有传播行为，文化无法得以延续，而我们的传播行为又是文化的写照。

媒介和文化领域的"新全球化"模式也是以"对话、合作、调适"为

---

① 党的十七大报告解读:提高国家的文化软实力[N].光明日报,2007-12-29(003).

其基本理念，最终实现的是人类不同群体和文化的共生共荣。[①]"传播全球化带给人类体育发展的一个重大命题是，承载着不同文化各自特征的各民族体育在传播过程中，如何促进体育文化之间的交会、碰撞、激荡，最终达到兼容、共处的境界；或者说怎样以传播的国际化推动不同体育文化之间的平等对话，以传播的全球化促成世界体育文化间的多元共存。"[②]

"媒体融合"（Media Convergence，又称媒介融合）是大众传播业的一项正常项目或者说是一个渐进的发展过程，它整合和利用处于单一所有权或混合所有权下的报社、广播电子媒体，以增加新闻和信息平台的数量，并使稀缺的媒体资源得到最优配置。在规模经济和范围经济的作用下，这些融合的媒体形式，以及被重新包装的媒体内容，将提供给受众更大的信息量，从而实现领先竞争对手、获得利益、提供优质新闻的目的，并最终在数字时代的媒体竞争中保持优势地位。[③]传统媒体与新媒体的融合，包括内容融合、渠道融合、平台融合、经营融合、管理融合等多重范畴过程。[④]俗话说，"酒香也怕巷子深"。互联网等先进的高科技手段的广泛运用，大大拓展了民族传统体育的"文化空间"，为促进更大范围的凝聚力提供了动力。

贵州省榕江的"村超"得到了新华社、人民日报、中央电视台、中新社、中国日报、贵州新闻联播、贵州2频道《百姓关注》、动静贵州、天眼新闻、HI贵州、很贵州、时政黔东南、黔东南微报、新浪体育、咪咕视频等多家媒体的报道或进行全网直播。同时，"抖音""微信"等互联网

[①] 刘英，马玉荣. "一带一路"赋予全球化新的内涵 [J]. 前线，2017 (5)：41–45.

[②] 孙强，王国志. 中心与边缘：中华民族传统体育文化的传播定位 [J]. 体育学刊，2008，15 (9)：109–112.

[③] 章于炎. 媒介融合：从优质新闻业务、规模经济到竞争优势的发展轨迹 [N]. 中国传媒报，2007–03–09 (003).

[④] 于志华. 武陵山区少数民族传统体育"文化空间"的保护 [M]. 北京：中国社会科学出版社，2018.

平台和短视频传播的迅速发展，为"村 BA""村超"带来了新的传播机会。近年来，榕江县大力推动"让手机变成新农具、让数据变成新农资、让直播变成新农活"，借助新媒体赋能乡村振兴。数据显示，该县已累计培育出 1.2 万多个新媒体账号和 2200 余个网络直播营销团队。他们成为"村超"的传播主力军。此次"村超"比赛，当地还专门成立了新媒体专班。借助短视频，绿茵场上的激烈比拼、特色浓郁的文化表演、绚丽多彩的民族服饰，以及夹杂着当地方言和少数民族语言的解说，突破时空限制，迅速传遍大江南北，让各民族之间相互理解、共存、共荣、共同发展。今年以来，在业界具有较高知名度的韩乔生、黄健翔、范志毅等人先后来到"村BA""村超"现场，进一步扩大了赛事的影响力和知名度。[①]陈百祥、黄日华领衔香港明星足球队出战贵州"村超"，专业人士的参与让比赛人气更旺，"村超"的全网流量已突破 300 亿次，促进了我国香港与内地各民族的交往、交流和交融。

图 3.8- 图 3.9　香港明星足球队空降贵州村超

（二）内部环境

体育团体凝聚力的培养需要学校体育、社会体育和竞技体育的合作与互动。

---

① 吴秉泽,王新伟."村超""村BA"火爆出圈的密码 [N].经济日报,2023-08-10(012).

1. 学校体育环境

学校体育教育是提高学生团体凝聚力的重要场所和阵地。《教育部关于全面深化课程改革，落实立德树人根本任务的意见》于 2014 年 3 月 30 日正式印发。文件指出，团队合作是体育课程核心素养之一，团队意识是学生体育品德核心素养之一。在校园体育文化建设中，校园群体体育活动是培养团队合作精神的重要路径之一。[①] 在体育课的学、训、赛过程中，培养团体凝聚力是重要内容。采用小组合作学习的方法，培养学生的集体主义精神和团队合作意识，培养学生团结协作的精神。体育教学由"离身"到"具身"转向，实现体育教学情境的"生活世界"回归、体育教学主体的"个性化"发展、体育教学过程的"参与性"体验、体育教学方法的"交互性"关切、体育学习评价的"多元化"诉求。使体育教学活动保证学习者足够的身体参与，充分发挥身体（机体、心理）与环境的交互作用。[②] 在教会、勤练的基础上，落实常赛。举办校运会等学校体育赛事是有利于增强班级群体凝聚力的重要途径之一。学校举办体育赛事对增强班级群体凝聚力的影响因素有：赛事规模、比赛成绩、年龄阶段。[③] 引导学生相互配合，提升学生的团体凝聚力。

2. 社会体育环境

全民健身情境中，自发性体育锻炼群体的凝聚力包括领队吸引力、积极交往、任务协作、价值认同和资源共享五个维度，它们从个体、团体和组织三个水平上构成了锻炼群体凝聚力的内容；锻炼群体凝聚力的主要影响因素包括个人动力爱好、群体锻炼氛围、团队建设、活动组织、经费收支、

---

① 邓佳. 中职校园群体体育活动对团队合作精神的影响 [J]. 冰雪体育创新研究, 2020 (4)：71–72.

② 何绍元, 杨健科, 朱艳, 等. 基于具身认知理论的体育教学转向研究 [J]. 南京体育学院学报（自然科学版）, 2016, 15 (5)：112–117.

③ 郭跃波. 学校体育赛事对增强班级群体凝聚力的探析 [J]. 当代体育科技, 2016, 6 (16)：42–43.

组织发展保障等，它们从个体、团体、组织与社会四个层面上构成了自发性锻炼群体凝聚力的影响系统。①

非正式结构体育组织是全民健身领域提高团体凝聚力、铸牢中华民族共同体意识的重要力量。2023 年的贵州"村超"火爆全网，乡土味、乡情味、乡愁味是其独具魅力的地方。人们感受浓郁乡土味和最炫民族风，大型侗族多耶歌舞（图 3.10）中，数千名各族群众手牵着手围成圈对歌舞蹈，"耶啰耶"婉转悠扬，动人心扉。一个个歌舞圆圈和一阵阵歌舞浪潮，象征着各族群众像石榴籽一样紧紧抱在一起、融合在一起，展现出各族群众紧密团结、奋发向上的精神风貌。

图 3.10　侗族多耶舞

节庆体育是提高团体凝聚力的重要途径。"无龙舟，不端午。"如火如荼的龙舟赛事推动了"体育＋文化＋旅游"的融合发展。龙舟运动通过水上的"速度与激情"，让全民健身与传统文化得到进一步融合，不仅提升了传统文化节日的"仪式感"，也让更多人参与到全民健身中来。② 各

---

① 柳青, 王深. 锻炼群体凝聚力的内容结构及其影响因素 [J]. 西安体育学院学报, 2016, 33(4): 410-417.

② 河南省第十一届中华轩辕龙舟大赛开赛 [EB/OL]. [2023-06-03]. 央广网, https://hn.cnr.cn/hnpdgb/jdt/20230603/t20230603_526274908.html.

-111-

运动队为了实现团队目标而刻苦训练,凝心聚力,拧成一股绳,心往一处想,劲往一处使,大大提高了团队的凝聚力。

节庆体育的集体仪式与群体凝聚力的关系密切。侗族传统摔跤节是诞生于黔东南黎平县双江镇一带侗族村寨达数百年之久的民俗节日文化,早在2006年被收录于贵州省级非物质文化遗产代表作名录之中。侗族传统摔跤节具有仪式性结构,是祭萨、入场、踩歌堂、摔跤活动四种仪式性活动的有机整合,每一种仪式性活动也都有独立的结构、功能与象征性含义。其中的踩歌堂是侗族的一种传统的舞蹈活动,以集体联欢的形式促进侗族村寨之间和村寨内部民众的凝聚力;作为侗族摔跤节的核心和高潮部分,摔跤活动本身同时演绎着历史与现实、个人和集体等多重意义,但是,体现村寨间友谊的价值凌驾于体现参与者之间竞争的个体自我价值之上。[①][②]

在社会体育领域,民族传统体育应继续通过广场舞、节庆活动、文化节等形式融入人们的生活,践行体育生活化、文化生活化,在潜移默化中凝聚人心。

3. 竞技体育环境

从北京奥运会等体育盛会的成功举办,到中国健儿在国际体坛不断攀登新的高峰,全世界也通过体育运动这个窗口,领略到中华文化的独特魅力和当代中国人团结一心、勇于开拓和进取的昂扬风貌。中华文化通过体育运动这个纽带和平台,正不断扩大在全世界的影响力。发展竞技体育,可以增强民族自信心和凝聚力。体育赛事给体育团体带来一定的外部压力,是提高团体凝聚力的重要途径之一。有研究发现,北京奥运会增强了上海市成年人凝聚力的主要心理因素有四个因子,即认同感、归属感、力量感

---

① 李景繁,程仕武.仪式的结构,功能与象征:侗族传统摔跤节考析[C].第五届全国民族体育学术研讨会,2017.

② 邹小燕,尹可丽,陆林.集体仪式促进凝聚力:基于动作、情绪与记忆[J].心理科学进展,2018,26(5):939-950.

和大国意识。[①]2021年7月，奥林匹克宣言改为"更高、更快、更强、更团结"，其中的"更团结"表达了对人类社会精神价值的追求。[②]2022年，北京冬奥精神是指在2022年北京举办的冬季奥运会上所展现出的一种精神面貌：胸怀大局、自信开放、迎难而上、追求卓越、共创未来，其核心价值理念是"拼搏、团结、自信、开放"。"团结"是指各国的代表队互帮互助、相互支持，跨越政治、民族和文化差异，共同参与奥运会，展现出属于全人类的共同精神财富。

图3.11　中华人民共和国第十一届全国少数民族传统体育运动会

中华人民共和国少数民族传统体育运动会（Traditional Sports Games of Ethnic Minorities in the PRC，简称"全国少数民族传统体育运动会""少数民族传统体育运动会"），是由国家民族事务委员会和国家体育运动委员会联合主办、地方人民政府承办的大型综合性体育运动会，每四年举行一届。该运动会以其民族性、广泛性和业余性等特色，已成为全国较有影响的大型综合性体育运动会之一，为发掘整理各民族民间传统体育形式、弘扬民族体育文化、发展民族体育事业和全民健身运动，增强各族人民身体素质，促进各民族团结等方面做出了积极的贡献。

全国少数民族传统体育运动会是国家法定活动，是民族团结和群众体育的盛会。"平等、团结、拼搏、奋进"是民族运动会的宗旨，各民族不

[①] 章建成，金亚虹，司虎克.北京奥运会增强国人凝聚力的研究——以上海市成年人为例[J].上海体育学院学报，2008，32（4）：41—46.

[②] 《奥林匹克宣言》发表130周年：奥林匹克价值观助力构建人类命运共同体[EB/OL].中国网，https://baijiahao.baidu.com/s?id=1750460722470016707&wfr=spider&for=pc.

论人口多少，发展程度如何，都可以平等参与比赛。比赛项目有竞技但更重交流，淡化金牌意识，不设金银铜牌，设一二三等奖，扩大奖励面，不设奖牌榜，鼓励群众参与；表演项目则可以充分展示本民族的传统文化，增加了"民间传统体育"选项原则，扩大了少数民族散居地区表演项目选项范围，为形式多样、内容丰富的民族民间传统体育搭建展示与交流的平台。①除开幕式和各项赛事活动外，全国少数民族传统体育运动会还举办民族大联欢、表演项目颁奖晚会、闭幕式和中国少数民族传统体育文化展等系列文化体育活动。②今后，应不断完善赛事体系，重视参与，弱化竞争，展示中华民族一家亲的时代风貌；继续挖掘民族传统体育的文化内涵，为同心共筑中国梦凝聚民族团结正能量。③

二、团体因素

影响团体凝聚力的因素包括：团体规模、团体目标、团体规范、团体氛围、团体结构和外部压力等。

（一）团体规模

俗话说，"一个和尚挑水吃，两个和尚抬水吃，三个和尚没水吃"。意思指人少责任分明效率高，人多相互推诿事难成。团体规模是指团体成员的数量。团体规模的大小对团体凝聚力的影响是显而易见的。1997年，罗宾斯提出，群体规模越大，群体成员相互接触的机会相对减少，参与和

---

① 组委会召开新闻发布会介绍情况：一次民族团结和群众体育的盛会[EB/OL]. 中华人民共和国国家民族事务委员会, https://www.neac.gov.cn/seac/c102840/201909/1136159.shtml.

② 中华体坛的创举 民族团结的盛会——写在第十届全国少数民族传统体育运动会开幕之际[EB/OL]. 人民网, http://sports.people.com.cn/n/2015/0809/c14820-27433468.html.

③ 张振东, 聂世轩, 李国立, 等. 汇聚民族团结正能量：全国民族运动会社会价值及其传承研究[J]. 体育学刊, 2021, 28(4)：22–27.

互动的机会就越少，容易出现意见上的分歧，从而导致团队成员之间的凝聚力越低；团队规模小，又会影响任务目标的完成。① 卡伦等人将篮球队员分成3人、6人和9人三个组，当每个组在一起练习两周后，测量他们的团体凝聚力水平。结果发现，在任务凝聚力方面，3人组的最强，9人组最差。三组队员在社交凝聚力上没有显著性差异。在接下来七周的追踪研究中，研究者还发现，在任务凝聚力方面的研究结果与前面的结果相同；但在社交凝聚力方面，6人组的最强，其次是3人组和9人组。并且，6人组的活动最好，3人组其次，9人组最差。② 来自管理心理学领域的研究结果也表明，成员数量为7人左右的团体在执行任务时，更为有效。马德森、刘一民提出，团队规模会影响团队任务凝聚力和社交凝聚力的发展。③

有研究发现，社团的规模和性质也会影响社团整体网络的疏密程度及凝聚力的大小。④ 社会心理学家达利和拉坦内（Darley & Latane，1968）在研究影响利他行为因素时发现，旁观者的人数越多，利他行为的减少程度就越大。当排球队规模大时，易在队内产生旁观者效应，而队员间的默契是在长期的训练和交流中建立的，队员人数变动对彼此间的了解和交流都会产生不良的影响。⑤ 俗话说，"人多乱，龙多旱，母鸡多了不下蛋"。在团体中，人数多、规模大，一是会造成成员之间相互接触的机会减少，二是也容易造成意见分歧、目标不一致及活动难以协调等问题，造成内耗，最终导致团体凝聚力的降低。另有研究发现，团体规模过大会导致社会性

---

① 斯蒂芬·P. 罗宾斯. 组织行为学(第七版)[M]. 北京：中国人民大学出版社，1997.

② Carron A V, Bradley L R, Widmeyer W N. The Impact of Group Size in an Exercise Setting [J]. Journal of Sport & Exercise Psychology, 1990, 12 (4)：376-387.

③ 马德森，刘一民. 体育团队凝聚力多维综合评价体系的研究[J]. 北京体育大学学报，2005，28 (2)：152-154.

④ 熊海琴. 基于社会网络分析法的老年体育社团成员的人际关系研究[D]. 南京：南京师范大学，2020.

⑤ 黄凤，林凡涛. 高校排球队团体凝聚力的影响因素和培养方法[J]. 内江科技，2010，31 (10)：40，49.

懈怠。当团体规模不断扩大，队员的动机逐渐下降，就会产生社会性懈怠，从而降低活动效率。社会性懈怠是指在一个团体内的个体由于动机水平的下降，在集体工作时，不像独自工作时那样付出100%的努力。产生社会性懈怠的原因可能是团体成员认为其他人没有尽到应尽的职责。如果你把别人看成懒惰或无能的，你就可能会降低自己的努力程度，这样你才会觉得公平。另一个原因可能是群体责任的扩散。因为群体活动的结果不能归结为具体某个人的作用，个人投入与群体产出之间的关系就很模糊了。团体规模过大，人们感到自己在集体中的努力显得不重要，个人的动机强度减弱，可能降低工作效率。

相反地，团体规模小、人数少，虽然容易在任务目标等很多方面达成一致，但也会受制于人力资源的不足而影响任务的完成。一般认为，适当的团体规模有助于团体凝聚力的发展。

（二）团体目标

团体目标对团体凝聚力的强弱和取向都有明显的影响，并且具有导向和引领作用。团体凝聚力形成的一个关键因素正是拥有明确的目标或团队任务，这就是团队中的任务凝聚力。当成员将实现团队目标作为自己的任务时，或者说团队目标被其成员普遍地、自发地接受时，就能表现出超强的向心力，做到"不达目的，决不放弃"。[①]

目标整合（goal intergration）是指团体目标与个体目标之间的一致性。团体是由不同个体组成的一个整体，整体有整体的目标，个体有个体的目标。如果整体目标和个体目标能够统一起来，保持一致，我们把这种情况称为目标整合。目标整合包括两个方面：对团体而言，总目标应该满足个体的需要和愿望，使个体目标在团体内得以实现；对团体成员而言，个体目标必须与整体目标一致，或趋于一致。当整体目标与个体目标发生冲突

---

① 丁凡. 浅谈提高体育团体凝聚力的对策与建议[J]. 科教文汇（上旬刊），2009（1）：283.

时，个人应以整体利益为重，修正个人目标，甚至牺牲个人目标以顾全大局。正如我国的谚语所说，"大河有水小河满，大河无水小河干"，表明集体利益与个人利益相互依存。因此，团体目标与个人目标密不可分。

目标凝聚力可以使整个体育团队凝聚在一起，只有建立团队发展的总体目标，团队成员的目标一致，团体目标清晰，让所有的团队成员有一个共同的责任感和使命感，激发每个运动员的荣誉动机，才能激发团队成员的团结，形成一个强大的战斗力团队。

团体目标的建立要公平、合理，并能纳入个人目标，能够兼顾团队成员的共同利益与需要，个人目标与团体目标越一致，则越容易形成较强的团队凝聚力。反之，如果部分团队成员的利益和需要在团队目标中得不到合理的反映，则团队凝聚力通常会较弱。

团体目标的难度要适宜。有无目标、目标的达成难度、当下任务的挑战性强度，对于运动员来说都是影响其团队凝聚力的因素。过高和过低的任务难度都会影响运动员的训练积极性，对团队凝聚力也会有影响。体育团体目标的建立也要充分考虑运动员的能力、水平和训练环境，只有目标是运动员可控的、可实现的和有价值的，才能对运动队起到良性的效果。否则就如伯格斯指出的那样，当环境条件发生改变后，若运动员不适时地调整自己，目标就会对其产生副作用，导致其更加焦虑和紧张。但要想通过目标来增强团队的凝聚力，不仅需要目标制定得适宜，同时还需要运动员充分意识到目标的社会价值和个人价值，使之朝着目标共同奋进。当目标一旦实现，会极大地增加团队的凝聚力水平，运动队的整体实力也会在目标的实现过程中提高。

（三）团体的绩效

目标的达成和成功的结果可以提高凝聚力水平。优异的成绩可能是提高团体凝聚力的有效途径。当体育团体在活动中达到预期目标并获得成功时，其成员会体验到成就感、胜任感等积极的情感，他们会更加认同团体的一致性，会更加遵守行为规范，以期在今后的活动中再创佳绩。因此，团体的凝聚力在此时也得到了发展。

如果一个团体成功地实现了某些重要的目标，出色地完成了工作任务，那么这种共有的成功会增强群体的凝聚力。相反，如果一个群体总是达不到目标或完不成任务，群体的凝聚力则会大大降低。

研究表明，湖北高校高水平女排运动队比赛成绩与团体凝聚力、比赛成绩与团体绩效为倒 U 型曲线关系。[①]

（四）团体规范

团体规范是指团体内明文规定或自然形成的、团体内每个成员必须遵守的已经确立的共同观念、价值标准和行为准则。如团体规定的各项规章制度、条例、准则，以及传统的习惯、风俗、文化、语言、时尚、舆论、合约等各种价值不同的标准，旨在制约其成员思想、信念与行为，协调全体成员的活动，使每个成员的认知、情感和行为保持一致，使团体成为有机的整体，以保证团体目标的实现。

团体规范具有以下三方面的作用。

1. 团体规范保持团体的一致性

团体规范从外部制约着成员的思想、信念和行为方式，从内部为成员提供了彼此认同的依据，从而促使成员与团体保持一致。

2. 提供认知标准与行为准则

团体规范往往能为成员提供衡量自己与他人言行的统一标准，这一标准成为成员认识事物、判断是非的共同心理参照。在职业运动队中，运动员需要与运动队或俱乐部签订合约，并且要遵守相应的行为规范。

[①] 吕向佳霖. 湖北高校高水平女排运动队运动成绩、团体凝聚力与团体绩效的关系研究[D]. 武汉：武汉体育学院，2022.

3. 规范的惰性作用

团体规范也有惰性的功能，有时候制约成员的努力水平，尤其是非正式规范是一种多数人的意见，要求成员行为趋于中等水平，当过高或过低时，都会受到纠正或惩罚，从而约束人的行为，使人的行为被限制在一定的范围内。因此，团体规范一经形成，就会对行为违背规范的成员产生无形的心理压力，迫使个人遵从。团体规范大致可分为：正式规范与非正式规范、所属规范与参考规范、地区性团体规范与反社会规范等。

团体规范之所以重要，是因为如果团体成员视他们的队伍为团结的集体，规范可以统一成员们对团体的期望，统一认知标准，约束并引导成员们的行为定向。人们在团体中受到行为准则和团体规范的影响，个体行为差异变小，对目标任务有大体一致的看法，有助于维系团体。团体规范越明确，团体成员在完成活动任务时会付出更多的努力。[1] 在这种情况下，任务凝聚力对活动表现的促进作用最大。有研究发现，团体规范的明确设置能够显著提升凝聚力，在团体凝聚力的多个维度都表现出统计学上的显著。[2]

团体规范的意识体现在团队文化中，团队文化是指团队成员为了实现他们的目标对所有的运动员、教练员有一定限制的文化，它有普遍性和强制的、规范的行为准则，其标准化是一种外在的，强制性地约束规范着每个人。所以说，一个团队形成了规范意识，表示其能形成一个强大的团体凝聚力。

（五）团体的稳定性

团队稳定性（group stability）是指团体成员的变动程度。团队稳定性

---

[1] Gammage K L, Carron A V, Estabrooks P A. Team Cohesion and Individual Productivity : The Influence of the Norm for Productivity and the Identifiability of Individual Effort [J]. Small Group Research, 2001, 32 (1) : 3–18.

[2] 贾烜, 樊富珉. 领导者自我表露及团体规范对团体凝聚力的影响 [C]. 北京: 第十七届全国心理学学术会议论文摘要集, 2014.

影响团体凝聚力的形成、巩固和发展。[①] 国外学者从 6 个大型棒球队的比赛资料发现，有的队花去半年时间在调换和训练新队员，而且新队员只有一半人能取得成功。新队员至少需要参加 11 场比赛，才能发展球队的任务凝聚力。各个项目基本上相同。团体成员不太稳定的运动队不仅凝聚力低，而且获得成功的次数较少。成员之间长期的友好联系有助于提高运动队的凝聚力，一个运动队越有凝聚力，其成员就越不愿离开运动队。团体成员流动频繁，教练走马灯式调换，容易导致人心惶惶，增加彼此相互理解的时间，不利于团体凝聚力的提高。

（六）团体成员的人际关系

团体成员之间的人际关系会影响团体凝聚力，具体涉及人际关系的四个要素。

1. 团体成员之间的相似性

越相似的个体越能够结合到一起，成为群体。俗话说，"物以类聚，人以群分"。当团体成员的共同特性越多，如个性、家庭背景、经历、信念、奋斗目标、利益、人格和兴趣等一致性和相似性越高时，越容易彼此趋近和沟通，人际关系更加融洽，团体凝聚力也越强。

苏和等人在综合分析有关研究后认为，体育团队的成员在道德、社会、信念、动机等方面接近时，团队凝聚力水平将得到提升，运动队成功使成员们得到更多的兴趣和愉悦，随之凝聚力也提高；反之，队员间如果在背景因素方面差距很大，会使团队出现小团体，从而影响运动队的比赛成绩。房鹏飞也提出如果团队成员间的价值观、性格等方面相似，就容易使人感到彼此亲近，也就自然而然地使团队凝聚力增强。

志趣一致性（shared interests）是指团体成员在动机、理想、志向、信念、

[①] 刘顺传. 层次分析法在体育团队凝聚力影响因素评价中的应用 [J]. 吉林体育学院学报, 2009, 25 (2): 105–106.

兴趣、爱好等方面基本一致或相似。而上述心理品质是个性心理结构中的重要组成部分和最活跃的因素，是个人行为的内在动力和个人积极性的源泉。志趣一致有两个方面的作用：一是可以保证团体成员之间有相似的态度；二是可以保证团体成员获得最大的心理满足，因为志趣相投有利于团体成员间的信息沟通，产生较多的共同语言，使成员的观点、意图和活动方式被理解。[1] 研究发现，自发性健身组织以兴趣为纽带。[2] 兴趣是指队员力求认识高校高水平运动队运动的心理倾向，兴趣一致性会对人的认识和活动产生积极的影响，有利于工作质量和效果的提高。兴趣是最好的老师。如果团队成员间具有相近的兴趣爱好，可以将人与人之间的距离和关系拉近，使其关系紧密、交往频繁。近距离的接触会使成员间更加熟悉和亲密，其性格和价值观也会相互影响而趋同，彼此之间的良好关系和相似性有助于团队凝聚力的形成和提升，也使大家更关注团队的成绩。[3] 即使面临挫折与困难，队友间的同心协力和相互鼓励同样有助于团队凝聚力的加强。

团体成员间相似性大的群体凝聚力高。当团体成员的共同特性越多、相似性越高时，彼此了解、亲近和沟通就更容易，人际关系更加融洽，团体凝聚力也更强。态度和价值观的相似性会增加人与人之间的吸引力，从而增强凝聚力。

非正式团体是在人际关系接近的熟人圈子中自发组成的。因此，成员间的关系常带有明显的情绪色彩，以个人之间的好感、喜好或志趣相投为基础，他们的行为也会受该团体一致或相似的信念影响，团体成员间相似的特征就成为影响他们凝聚在一起的主要力量。有共同运动爱好背景的团队成员，有对锻炼自觉承诺、相互协作的共同经验和共识，有意义的、能促进身心健康的活动组织，有经费保障及社会政府的支持认可，这一结论

---

[1] 张力为，毛志雄. 运动心理学 [M]. 北京：高等教育出版社，2007.
[2] 李晴慧. 自发性健身组织以趣缘为纽带 [N]. 中国体育报，2019-06-03.
[3] 甄国栋. 浅论运动队的凝聚力 [J]. 安徽体育科技，1997 (2)：15–18.

与西方的研究结果基本吻合。①

2. 团体成员之间的相互吸引

纽科姆（Newcomb）认为，如果个体 A 能够在个体 B 身上发现自己喜欢的某种品质特征，如名声和社会地位、愉悦、支持性，以及其他令人喜欢的个性特点等，那么个体 A 会对个体 B 表示赞美、钦佩，才可能和对方成为一个群体。②

3. 群体成员的互相接纳

在自发性组织中，由成员的自觉自愿性（包括对锻炼的时间承诺、协作锻炼共识等）形成的有利于促进坚持锻炼的心理氛围对群体凝聚力的形成有着至关重要的意义。群体成员的运动爱好及以此为基础的人际关系、生活共识、锻炼承诺等成员间的相吸与接纳对自发性组织的凝聚力起着关键作用。平衡理论认为，我们都喜欢那些愿意接纳自己的人。从本质上讲，人际关系是一种社会关系，良好的人际关系可以给人们的生产、生活、工作和学习提供一个和谐、宽松的环境，对社会的稳定也同样起着不可低估的作用。把社会角色理论应用于人际关系的处理，不同人（P）对同一社会角色（R）领悟程度的差别所造成的相互之间心理和态度的不平衡是导致人际关系失调的一个重要原因，如果设法恢复这种平衡，其所导致的人际关系的失调就会得到解除，从而便会为和谐人际关系的建立扫清障碍。③

心理相容（interpersonal harmony）是指团体成员与成员、成员和团体、领导者和下属、领导者和领导者之间的相互吸引、和睦相处、相互尊重、相互欣赏、相互信任和相互支持。团体成员之间的心理相容性影响团体凝

---

① Manning F J. Morale, cohesion and esprit de corps [M] // (以色列) 盖尔, (美) 曼格斯多夫. 军事心理学手册. 北京: 中国轻工业出版社, 2004: 391–410.

② Newcomb WA . Hydromagnetic stability of a diffuse linear pinch [J] . Annals of Physics, 1960, 10 (2) : 232–267.

③ 刘国正, 李庆春. 人际关系处理的P-R平衡理论 [J] . 新乡学院学报 (社会科学版) , 1994 (4) : 60–62.

聚力。团体成员之间如果不相容，则表现为相互排斥、相互猜疑、相互攻击和相互歧视。心理的相容性具有两个方面的作用：一方面，它可以作为团体团结的心理基础和实现团体目标的保证；另一方面，它可以为创造性活动提供一个积极乐观的心理氛围，使团体成员保持良好的心境，有利于发挥人们的主观能动作用。否则，团体成员之间会互相设防、关系紧张、矛盾重重、貌合神离，把时间和精力消耗在纠纷之中，导致团体凝聚力下降。

成员互补（muturalcomplement of group members）是指团体成员在完成任务过程中的互相取长补短。一个团体内，每个成员的角色不同，完成的工作任务不同，需要在各个方面相互补充才能增强团体凝聚力。美国心理学家霍华德·加德纳提出的多元智力理论认为，智力的内涵是多元的，它由八种相对独立的智力成分构成，这八种智力成分分别为语言智力、音乐智力、逻辑数学智力、空间智力、体育智力、内省智力、人际智力和自然智力。[①] 智力的互补既需要具有不同智力水平的人，也需要具有不同智力结构的人共同协作。

4. 个体之间的空间相近

距离越近的人接触概率越高，也就越容易受到吸引。

团队个体之间建立良好的人际关系能够提高团体的凝聚力，从而有助于团体目标的顺利实现。同时，良好的人际关系也满足了成员情感上的需要，产生愉快的心理体验。即使在挫折与困难面前，他们也能相互安慰、相互激励，并增强对群体的依恋，以在未来的比赛中取得良好成绩。研究者发现，影响冰壶运动队团队凝聚力的首要因素是队员之间的相互交流和人际关系。通过创造良好的比赛形式和创造良好的团队氛围等方法，可以提高队员之间的交流与合作。[②]

---

① 彭聃龄. 普通心理学 [M]. 北京: 北京师范大学出版社, 2012.
② 苏和. 冰壶运动队团队凝聚力影响因素分析 [J]. 冰雪运动, 2006 (2): 58-60.

友谊是凝聚力的一个重要预测指标。[1] 团队成员之间的人际关系越融洽，沟通越顺畅，团队的凝聚力就越强。反之，团队成员之间的人际关系越紧张，沟通越困难，团队的凝聚力就越弱。

（七）团体的外部压力

外界压力是指团体遇到的外部威胁。研究发现，足球运动员应激水平与群体凝聚力之间的关系模型根据结构模型拟合优化程度，可以有效预测足球运动员应激水平与群体凝聚力之间主效应的正向相关关系，且教练员领导行为作为中介变量起部分中介作用的假设在模型修正过程中得到验证，对群体凝聚力的促进作用得到显著加强，与前人研究基本一致。

当一个团体面临外界压力时，团体内部的凝聚力往往会提高。同其他群体展开竞争也能提高凝聚力。研究表明，适宜的外部压力及威胁可以促使成员间自觉达成一致，自觉减少内部分歧，忠于自己的团队任务目标，维护团队的利益，以避免自己的团队利益受损，团队的外部压力增强了同伴间的沟通，并减少了与外界的联系。有研究表明，开展组间竞争的组比不竞争的组团结得更紧密，成员之间彼此相互吸引，相互合作，亲密包容。

外部压力会引起团体成员的应激水平发生变化。有研究表明，当群体处于中等程度应激情景中时，群体成员对其他成员的消极情感达到最低限度，此时的成员忘记了个人的恩恩怨怨，此时的应激水平可使群体成员间的恩怨与消极情感降到最低程度，注意力主要集中在密切协作、一致对外去战胜对手方面，因此凝聚力就会相应增强。[2] 但是，过分激烈的竞争会对整个队的人际关系或活动产生损害作用。赛事的竞争性创造外部应激情

---

[1] Herbison J D, Benson A J, Martin L J. Intricacies of the friendship-cohesion relationship in children's sport [J]. Sport & Exercise Psychology Review, 2016, 13 (1): 10-19.

[2] 欧胜虎, 符明秋. 运动队的群体凝聚力研究综述 [J]. 首都体育学院学报, 2007, 19 (6): 43-46.

境，激发团体凝聚力。①

同样，中华民族作为一个命运共同体，在对抗外辱的斗争中具有光荣的历史传统。抗日战争中，面对民族危亡的严峻形势，中国共产党提出了"抗日民族统一战线"的主张，以国共两党第二次合作为基础，海内外中华儿女万众一心、众志成城、同仇敌忾，筑起了中华民族抗击日本侵略者的钢铁长城，克服重重困难，最终取得胜利，维护了祖国的统一。据统计，满、蒙、回、藏等40多个少数民族直接投身到了救亡图存的抗日战争中，彰显了全民族抗战、匹夫有责的爱国情怀。抗战精神增强了各族儿女众志成城、同仇敌忾的团结意识，捍卫了国家统一。进入新时代，作为"抗战精神"核心内容的民族凝聚力是民族复兴的重要条件。面对国际国内局势的复杂变化，每个人、每个民族的前途命运都与国家和中华民族的前途命运休戚与共、息息相关，一荣俱荣、一损俱损。习近平同志强调，新的历史条件下，全党全国各族人民要大力弘扬伟大抗战精神，不断增强团结一心的精神纽带、自强不息的精神动力，为加快实现中华民族伟大复兴的中国梦提供精神动力。

（八）团体的内部竞争

团体的内部竞争是指团体成员之间的相互争胜，这种内部竞争也会影响团体凝聚力。米尔斯将180名步枪队员平均分为竞争组和非竞争组，分别对个体对他人的尊重、个人感到被其他成员接受的程度和个体在失败时相互指责情况三方面进行测量，结果表明，竞争组比非竞争组成员间更多地显示相互尊重的现象。② 可见，竞争性情境可能促使成员间的相互理解和适应，积极和谐的内部竞争可以促进成员之间的凝聚力，而过分激烈的竞争会对整个团体的人际关系或活动产生损害作用，恶性竞争或"窝里斗"

---

① 田敏，王宏，梁枢.高校足球运动员应激、群体凝聚力与教练领导行为关系研究[J].山东师范大学学报(自然科学版)，2019，34(1)：120-126.

② 姜冰峰.提高高中生运动群体凝聚力的教学方法初探[J].今日科苑，2009(14)：227.

会造成内耗，显然不利于团体的凝聚力。

（九）团体的动机氛围和团体文化

1. 团体的动机氛围

有研究者探讨了青少年选手知觉教练塑造的赋权及削权动机气候，害怕失败与团队凝聚力之间的关系。结果表明，教练塑造的动机气候对害怕失败及团队凝聚力产生不同的影响，当青少年选手知觉教练塑造的是赋权动机气候时，有利于团队工作和社会凝聚力的提升；反之，当青少年选手知觉到的是削权动机气候时，将提高选手害怕失败的动机而不利于任务凝聚力的发展。[1]

有研究者探讨了选手知觉教练塑造的团队动机气候与团队凝聚力的关系。结果表明，工作取向气候与团队中的工作凝聚力和社会凝聚力呈显著正相关；自我取向气候与团队中的工作凝聚力、社会凝聚力呈显著负相关。多元逐步回归分析结果发现，"工作取向气候"可有效预测团队中的社会凝聚力，而"自我取向气候"对团队中的工作凝聚力具有较大的负向预测力。不同知觉的团队动机气候在凝聚力上出现差异：在工作凝聚力上，不同的知觉团队动机以"高工作/低自我"显著高于"高自我/高工作"，"低工作/高自我"及"低工作/低自我"取向气候组。而在社会凝聚力上，不同的知觉团队动机，以"高工作/低自我"显著高于"低工作/高自我"及"低工作/低自我"取向气候组。[2]

有研究探讨了教练、选手的运动目标取向和选手所知觉的运动动机气候与团队凝聚力的关系。结果显示，教练的运动目标取向与选手所知觉的

---

[1] 卓国雄. 青少年选手知觉教练塑造的赋权及削权动机气候与害怕失败, 团队凝聚力之关系 [J]. 台湾运动心理学报, 2018, 18 (2) : 1–20.

[2] 林连池, 林孟逸. 团队运动选手知觉团队动机气候与团队凝聚力之相关研究 [J]. 运动健康与休闲学刊, 2009 (14) : 93–101.

教练塑造的运动动机气候取向呈正相关。选手知觉运动动机气候是工作取向气候时，团队有较高的社会凝聚力和工作凝聚力；知觉运动动机气候是自我取向气候时，则团队有较低的社会凝聚力和工作凝聚力。多元逐步回归分析结果表明，个人的目标取向、选手知觉教练塑造的运动动机气候对社会和工作凝聚力有显著的预测力。①

2. 团体文化

体育与文化密不可分。有研究者探讨了运动团队文化与团队凝聚力二者的关系。结果发现，不同性别的大专乙组桌球运动员在"服从取向""团队取向"与"工作凝聚力"呈现负相关，显示大专乙组桌球运动员的团队文化与工作凝聚力的负向关系。②近年来，作为组织文化的重要组成部分，团队美德对组织绩效的研究逐渐受到重视，并由以往基于康德主义和功利主义的研究转向实证分析。研究者通过实证研究发现，团队美德对团队凝聚力和团队绩效存在显著影响，并通过中介分析发现团队凝聚力在团队美德和团队绩效之间起到了部分中介的作用。③

（十）团体的运动项目特点

凝聚力是一种非常重要的团队属性，在体育活动中，运动员的相互依存程度会对运动员的运动绩效产生显著的影响。克拉蒂（Cratty）等人在1978年提出了一个分类系统，在这个分类系统之中，分析了运动项目与凝聚力之间的关系。④结果发现，互动项目成员对归属的依赖较高，而

---

① 卓国雄. 探讨教练、选手运动目标取向，选手所知觉的运动动机气候与团队凝聚力之相关研究 [J]. 中华体育季刊, 1999, 13 (3)：13-20.

② 谢明辉，高三福. 桌球选手运动团队文化与团队凝聚力关系之研究 [J]. Dubai Medical Journal, 2012 (14)：39-46.

③ 谢永平，常琳，周爱林. 团队美德对团队绩效的影响——以凝聚力为中介变量 [J]. 华东经济管理, 2015, 29 (3)：110-120.

④ 季浏，殷恒婵，颜军. 体育心理学 [M]. 北京：高等教育出版社, 2010: 276.

共动项目成员对归属的依赖不高。不同性质的运动项目对凝聚力的要求不同。对于篮球、足球、排球等需要团体成员相互协作的互动项目，需要团队间进行具有更为有效的合作和结合才能实现目标，高凝聚力是取得优异成绩的关键。田径、高尔夫等项目需要运动员的单独作战，这些运动项目对凝聚力的要求比团体性运动项目的要求要小。克拉蒂和斯坦纳（Steiner）提出，运动任务要求运动员之间有多大程度的相互依赖是决定凝聚力与运动成绩的关键性因素。另一方面，以社会交往和情谊为目的的锻炼团体更重视社交凝聚力。研究表明，运动员的集体项目团队凝聚力显著高于个人项目运动员的团队凝聚力，潜补队员团队凝聚力总体水平明显不高于关键球员。①

表 3.1　运动项目的性质与要求任务凝聚力之间的关系

共动项目 （相互依赖的任务少）	共动—互动项目 （相互依赖的任务中等）	互动项目 （相互依赖的任务多）
射箭	美式橄榄球	篮球
保龄球	棒球、垒球	曲棍球
田赛	花样滑冰	冰球
高尔夫球	划船	英式橄榄球
滑雪	拔河	足球
高台滑雪	游泳	手球
举重		排球
摔跤		
低←―――――――要求任务凝聚力的程度―――――――→高		

从表 3.1 可以看出，运动任务所需的相互依存程度是决定运动凝聚力和表现的关键因素。集体项目对团队凝聚力的要求高于个人项目，团体成员的全面参与可以有效地促进个体的社会化水平和团体凝聚。② 克拉蒂等人提出了一个预测运动成绩与凝聚力关系的分类系统，结果显示：不同运动项目任务要求队员有多大程度的依赖性是决定凝聚力与运动成绩的关键

---

① 张影. 不同项目运动队群体凝聚力的多层分析 [D]. 武汉：华中师范大学, 2006: 15-16.

② 王俊奇, 陈建新. 体育运动中充分参与的竞争对个体社会化程度及团体凝聚力的影响 [J]. 北京体育师范学院学报. 1998 (4)：68-75.

性因素。

仪式性节庆体育活动是促进民族团结的重要力量。集体仪式与群体凝聚力关系密切：节庆仪式、赛事大联欢等集体仪式对群体的建设和发展具有重要意义。近年来，国外心理人类学家提出的"宗教模式理论"深刻阐述了集体仪式产生群体凝聚力和亲社会行为的心理过程。集体仪式的心理学研究目前主要集中于集体仪式促进凝聚力、同步动作影响亲社会行为，以及集体仪式导致群际偏差等方面。[1] 相关的研究发现，共动项目带有明显的集体仪式特征。集体仪式提高了群体内部的凝聚力，这种作用机制表现为集体仪式包含群体的共同行动，个体在群体中进行合作并配合领导者以达到群体内的协调一致。正是这种协调一致将群体内部成员凝聚成为一个整体，保持了群体行动的稳定，同时提高了群体所存在的时间。个人与群体的联结通过集体仪式发生。[2] 个体因为参与集体仪式，自我获得更多的认同，对于群体内成员有了更多的信任，增加了自身人际关系的亲密性，因而积极参与到群体活动中。同时，在集体仪式中，个体获得了内群体归属，集体仪式的参与者在群体中获得相应的地位、改善人际关系，最后融入群体并被接纳，提高群体凝聚力。[3] 并且，参与集体仪式的个人提高了对群体成员的感知敏感性，更好地完成了群体任务，实现了自我与群体价值的成功，达到群体凝聚力的再度提升。[4]

集体仪式可以表征为同步动作，哈里斯特（Harrist）和沃夫（Waugh）

---

[1] 邹小燕, 尹可丽, 陆林. 集体仪式促进凝聚力：基于动作、情绪与记忆 [J]. 心理科学进展, 2018, 26 (5): 939–950.

[2] Hagen E H, Bryant G A. Music and dance as a coalition signaling system [J]. Human Nature, 2003, 14 (1): 21–51.

[3] Fischer R, Xygalatas D. Extreme Rituals as Social Technologies [J]. Journal of Cognition & Culture, 2014, 14 (5): 345–355.

[4] Valdesolo P, Ouyang J, DeSteno D. The rhythm of joint action: Synchrony promotes cooperative ability [J]. Journal of Experimental Social Psychology, 2010, 46 (4): 693–695.

认为，同步动作的核心要素是其互动性[1]，同步动作是不同个体在社会互动中所拥有的频率和状态，也就是群体中的个体与其成员在时间上保持动作与状态的一致，表现为相类似的动作和状态模式。[2][3] 有研究结果显示，同步动作影响群体凝聚力。集体仪式所包含的情感能够影响到群体凝聚力，仪式中所包含的情感体验越深刻越强烈，所提升的群体凝聚力就越强[4]，因为仪式包含的情感体验能够吸引成员更多的关注，激发起成员之间的情感共鸣，最终使他们更愿意去接触其他成员，因此，群体内就具有了更高的群体凝聚力和合作行为。更深入的研究发现，集体仪式的核心要素——同步动作能够有效影响群体凝聚力[5]，相对于非同步动作，同步动作能够有效促进个体与群体成员的联结和统一。一方面，在同步动作中，积极情绪的唤醒更为容易，情绪唤醒伴随内啡肽的分泌，进而增加个体在群体中的愉悦和快乐，提高群体凝聚力。[6] 另一方面，集体仪式中，同步动作引起个人自我意识与对他人意识的融合，也就是模糊自我概念和他人概念的边界，从而消除或减弱心理距离的感知[7]，让群体成员更有群体认知，也

---

[1] Harrist A W, Waugh R M. Dyadic synchrony: Its structure and function in children's development [J]. Developmental Review, 2002, 22 (4): 555–592.

[2] Nessler J A, Gilliland S J. Interpersonal synchronization during side by side treadmill walking is influenced by leg length differential and altered sensory feedback [J]. Human Movement Science, 2009, 28 (6): 772–785.

[3] Richardson M J, Marsh K L, Isenhower R W, et al. Rocking together: dynamics of intentional and unintentional interpersonal coordination [J]. Human Movement Science, 2008, 26 (6): 867–891.

[4] Páez D, Rimé B, Basabe N, et al. Psychosocial Effects of Perceived Emotional Synchrony in Collective Gatherings [J]. Journal of Personality and Social Psychology, 2015, 108 (5): 711–729.

[5] Tarr B, Launay J, Cohen E, et al. Synchrony and exertion during dance independently raise pain threshold and encourage social bonding [J]. Biology Letters, 2015, 11 (10): 1–4.

[6] Lang M, Bahna V, Shaver J H, et al. Sync to link: Endorphin-mediated synchrony effects on cooperation [J]. Biological Psychology, 2017, 127 (1): 191–197.

[7] Tarr B, Launay J, Dunbar R I M. Music and social bonding: "self-other" merging and neurohormonal mechanisms [J]. Frontiers in Psychology, 2014, 5 (e42): 1096.

就是群体凝聚力的提高。同步动作在真实群体和想象群体中都是影响群体凝聚力的主要因素，而群体归类只能在想象群体中直接影响群体凝聚力。观看同步动作视频并跟着做动作的过程受到想象群体的影响。无论是在真实群体还是在想象群体中，群体归类能够与同步动作交互作用于群体凝聚力。同步动作通过影响积极情绪、感知相似性[1]、认知注意、共享意识、合作性以及生理激素，进而影响群体凝聚力[2]。

社会同步作为一种"社会黏合剂"，能够对社会性产生明显的影响。有研究考察了社会同步对内隐攻击性弱化作用的认知机制，研究结果进一步支持了解释优先模型。同时也表明，社会同步能够在一定程度上减弱高内隐攻击性个体的攻击性倾向，而不会对低内隐攻击性水平的个体产生负面影响，这启示我们，社会同步可以减少凝聚力提升的阻力。[3]有研究发现，在与他人完成同步行为后，人们往往更亲社会。参与者二人组执行了协调任务或独立任务，并通过功能近红外光谱超扫描技术记录了他们的大脑激活情况。与独立组相比，协调组的参与者表现出更高的同步行为和更大的相互帮助倾向，表明人际同步的亲社会效应。重要的是，协调组在左侧额叶中部区域显示出了显著的与任务相关的大脑相干性，即脑间的同步性。检测到的脑间同步对参与者之间的共享意图很敏感，并与相互的亲社会倾向相关。此外，与任务相关的大脑一致性在人际同步的亲社会效应中起着中介作用，这一结果揭示了个体之间的脑—脑同步与随后的相互亲社会倾向的相关性，并提出了与促进亲社会性的人际同步的共同认知相关的神经机制。[4]赛龙舟、土家族摆手舞等民族传统体育的特征是动作同步，相同的节奏、相同的动作强化了社会集体认识，加强了社会群体以及群体与群

---

[1] Lakens D. Movement synchrony and perceived entitativity [J]. Journal of Experimental Social Psychology, 2010, 46 (5)：701-708.

[2] 赵子文.同步动作与群体归类对群体凝聚力的影响[D].昆明：云南师范大学, 2021.

[3] 王元, 乔梦琳, 李柯. 社会同步对内隐攻击性的弱化作用：影响注意偏向的眼动证据 [J]. 心理学探新, 2018, 38 (6)：515-521.

[4] Yi Hu, Yinying Hu, Xianchun Li, et al. Brain-to-Brain Synchronization Across Two Persons Predicts Mutual Prosociality [J]. Social Cognitive and Affective Neuroscience, 2017, 12 (12)：1835-1844.

体之间的凝聚力。①

三、人的因素

个体的心理影响体育团体凝聚力，包括团体领导者和成员的知情意行。研究者对高校高水平运动队群体凝聚力的研究结果表明，影响高校高水平运动队群体凝聚力的主要因素有五大类，按照影响的重要程度依次为团队因子、教练因子、队员因子、训练因子、支持因子。②

（一）领导因素：团体教师或教练员因素

"火车跑得快，全凭车头带。"领导因素是指管理层通过自身的活动对团队成员施加影响，从而实现某种共同目标的过程。③领导因素主要包括领导行为与领导者的决策风格。领导者对团体成员的表现进行积极的评价将有助于促进任务凝聚力。

领导者通过自身行为对被领导者施加影响，从而达到某种共同目标。一支篮球队的领导可以是主教练或者领队，他们是球队凝聚力的核心。当社会步入知识经济时代，一般认为管理将成为"第一整合力"。这就意味着，管理在组织的资源与制度及目标与效能方面的作用将是决定性的。任何一种管理追求的目标都是试图通过组织资源的有效配置，实现投入与产出的最优化。管理方式是管理最直观的表现，一般来讲可分为民主式、专制式、放任式等三种基本类型。在体育运动领域，教练员的管理方式不同，体育团队凝聚力的强弱有着明显的区别。究其原因，在于凝聚力的增强必须有赖于团队及其成员向心力的增强，而向心力又源于团队及成员主体意识的

---

① 赵子文. 同步动作与群体归类对群体凝聚力的影响 [D]. 昆明：云南师范大学，2021.

② 殷飞，韩孟孟，许健. 高校高水平运动队群体凝聚力主因子及对策研究——以南京高校高水平运动队为例 [J]. 西安体育学院学报，2016，33（6）：744–752.

③ 马德森，刘一民. 体育团队凝聚力多维综合评价体系的研究 [J]. 北京体育大学学报，2005，28（2）：152–154.

有效整合。实践证明，不同的管理方式对团队组织成员积极性、主动性、创造性的发挥有着不同的影响。

1. 领导者的管理方式

教练是将团体和团体成员联系在一起的纽带，是一个团队的核心人物，被视为"领头羊"。在团体中，教练具有一定的权威性，他的权威是让运动员心悦诚服地接纳、接受引导和组织安排的一切行为活动，并且队员能够认真实施、执行教练提出的要求。教练员的领导方式、管理手段、决策能力、激励机制、对团队的影响力、决策风格、训练方法、与运动员的共容性、与其他人的关系等直接影响着训练质量和团体的竞技成绩。[1]

领导方式决定了教练员的执教风格，也决定着队员是否能很好地适应教练的要求。社会心理学家勒温以"权力定位标准"为基本变量，将领导者在领导过程中表现出来的领导风格分为三种，即民主型、专制型和放任型。领导方式的差异影响着运动队凝聚力的强弱。在专制式的管理方式下，人的个性受到压抑与摧残，在这种情况下，体育团队成员的离心倾向势必增强，因而团队凝聚力较低。在放任式的管理方式下，体育团队成员各自为政，团队犹如一盘散沙，很难作为一个强有力的整体围绕共同的目标开展活动。在民主式的管理方式下，人格平等受到尊重与保护，个性自由发展，同时能较好协调国家、团队、个人三者间的关系。在这种管理方式下，领导者和决策层所做出的每一决策都能尊重团队成员的共同意愿，代表其根本利益，在决策的制定与实施过程中便有了坚实的群众基础，是一种愉快的情感状态下的合作。因而，它能激发团队成员的积极性、主动性和创造性，从而增强团队的凝聚力。[2] 其中，教练员"民主型"的领导方式较其他两种类型更有助于提高团队的凝聚力。

---

[1] 邓小刚. 职业足球团队凝聚力多维综合评价体系构建 [J]. 西安体育学院学报, 2010, 27 (5): 548–550, 565.

[2] 熊茂湘. 体育团队凝聚力的社会学分析 [J]. 武汉体育学院学报, 2002 (4): 20–23.

上述结论也得到了实践的证明。研究发现，民主的教练领导行为对团队凝聚力的四个层面具有显著正向影响，专制的教练领导行为影响不显著；民主的教练领导行为能正向预测运动员对教练员的信任，专制的教练领导行为对信任产生显著的负向影响；运动员对教练员的信任对于团队凝聚力有显著正向影响；教练领导行为对于团队凝聚力的影响是通过运动员对教练员信任这一中介变量实现的。[1] 高校高水平运动队的高校环境往往更加宽松，没有过高的竞技成绩压力，教练员的领导方式往往以民主型为主，队员对教练员的领导方式也偏爱于民主型。教练员采取较民主的方式进行领导，运动员之间，以及同教练之间关系会更融洽，交流会更多，从而促进了思想的活跃，以及参与意识和集体意识，进而增加了团队的凝聚力。影响力是指教练对整个团队在形成、发展中起到的实际意义。[2] 研究者发现，高校篮球教练员的训练教学行为、民主行为、社会支持行为、奖励行为对运动投入与团队凝聚力呈显著正相关关系；教练员专制行为与运动投入和团队凝聚力呈显著负相关关系。运动投入与团队凝聚力呈显著正相关关系。运动员的运动投入在教练员训练教学行为、民主行为、专制行为、社会支持行为、奖励行为与团队凝聚力水平之间产生重要的作用。高校篮球教练员的训练教学行为、民主行为、社会支持行为、奖励行为对运动投入与团队凝聚力具有显著正向预测作用；教练员的专制行为对运动投入与团队凝聚力具有显著负向预测作用。运动投入对团队凝聚力具有显著正向预测作用。[3] 教练员较多的社会支持行为、民主行为及适当的专制行为有助于提升大学生女排队员的自信心；教练员与队员之间的任务目标越一致，她们的自信心越高。大学生女排队员感知的教练员领导行为可以直接影响其群

---

[1] 杨尚剑, 孙有平, 季浏. 教练领导行为与凝聚力: 信任的中介作用 [J]. 上海体育学院学报, 2014, 38 (2): 69–73.

[2] Murray N P. The Differential Effect of Team Cohesion and Leadership Behavior in High School Sports [J]. Individual Differences Research, 2006, 4 (4): 216–225.

[3] 徐子奇. 高校篮球教练员领导行为与团队凝聚力关系研究——运动投入中介作用 [D]. 广州大学, 2021.

体凝聚力水平，也可以通过运动状态自信心产生间接影响，四条较为明确的路径为社会支持行为→状态自信心→任务吸引，社会支持行为→状态自信心→社交吸引，专制行为→状态自信心→社交吸引，民主行为→状态自信心→任务一致。[1]

2. 教练员的领导行为

大量研究文献认为"领导行为"与"群体凝聚力"存在较高关联。根据组织行为学观点，教练员在运动队中处于一个特殊的地位，为整个运动队提出具体目标，会对运动队的"群体凝聚力"产生积极影响。教练员为队员们进行有效的目标设置，以较强的手段要求队员们建立起对群体的责任感，以及彼此间的交往需求，明显增强群体凝聚力，较高水平的群体领导行为对群体凝聚力增长具有促进作用。

研究结果普遍认为，来自教练员的指导行为水平越高，社会支持行为和积极反馈越多，团队的任务凝聚力也越高。有研究探讨了领导行为与团队凝聚力的关系，结果显示，训练指导行为对团体任务吸引力和团体任务一致性两个维度有显著的预测作用。[2] 有研究者探究了教练员领导行为、群体凝聚力、训练比赛满意感对竞赛表现的影响及其内在机制，结果显示，民主型领导行为对竞赛表现的总预测效应不显著，出现了"遮掩效应"。民主型领导行为可以通过群体凝聚力和训练比赛满意感的中介作用对竞赛表现产生间接影响，具体包括三条中介路径：通过群体任务吸引的中介路径、通过训练比赛满意感的中介路径、通过群体任务吸引和训练比赛满意感的链式中介路径。[3]

---

[1] 王奇卉.大学生女排队员感知的教练员领导行为、运动状态自信心和群体凝聚力的关系研究 [D]. 沈阳:沈阳体育学院, 2021.

[2] 崔立根.高校高水平运动队教练领导行为与团队凝聚力模型构建 [J]. 山东体育学院学报, 2010, 26 (4) : 30–33.

[3] 李佳薇, 鲁长芬, 罗小兵. 高校教练员领导行为对竞赛表现的影响研究: 群体凝聚力与训练比赛满意感的链式中介效应 [J]. 体育与科学, 2017, 38 (6) : 87–96, 109.

教练员较多的社会支持行为、民主行为及适当的专制行为有助于提升大学生女排队员的自信心；教练员与队员之间的任务目标越一致，她们的自信心越高。大学生女排队员感知的教练员领导行为可以直接影响其群体凝聚力水平，也可以通过运动状态自信心产生间接影响，后者的影响更为深远。①

　　有研究探讨了桌球教练领导行为、组织气氛、团队凝聚力及满意度的关系，结果发现，教练领导中的"关怀行为""专制行为"和组织气氛的"冲突气氛""凝聚力气氛"及团队凝聚力的"人际吸引""人际亲和"可以有效预测满意度。桌球选手所感受到的教练领导会反映出对团队凝聚力的感知，并可预测选手满意度，因此建议营造更友善的运动环境。②

　　研究发现，足球选手所知觉的教练领导行为对组织气候、团队凝聚力具有直接显著的影响，组织气候则是教练领导行为与组织承诺的中介变数。组织气候对组织承诺有直接显著影响，组织气候对团队凝聚力则有直接影响及透过组织承诺造成的间接影响；文化差异为本研究模式的调节变数。研究结果验证了教练领导行为、组织气候、组织承诺及团队凝聚力的因果模式关系。最后建议应持续关注外籍生对大专足球校队的影响。③

　　3. 运动员领导角色

　　在运动队中，特别是相互依存的运动项目中，一些运动员扮演着十分重要的领导角色。运动员领导角色是指"在团队中担任正式或非正式角色的运动员，他影响一组团队成员（即至少两个团队成员）以实现共同目标"。④

---

① 王奇卉. 大学生女排队员感知的教练员领导行为、运动状态自信心和群体凝聚力的关系研究[D]. 沈阳：沈阳体育学院，2021.

② 林佳蓉，杨仁仁，李亭仪. 大专桌球选手知觉教练领导行为，组织气氛，团队凝聚力与满意度之探讨[J]. 台南应用科大学报，2012 (31)：207-225.

③ 林泽民. 足球教练领导行为，组织气候，组织承诺与团队凝聚力关系之研究——以文化差异为调节变数[J]. 台湾体育学术研究，2013 (55)：21-46.

④ 杨尚剑，孙有平，季浏. 教练领导行为与凝聚力：信任的中介作用[J]. 上海体育学院学报，2014, 38 (2)：69-73.

正式领导角色是指运动团队或者组织中设立的职位（如运动队队长），而非正式领导角色多是团队成员之间互动形成的结果（如运动员领袖）。在运动训练或者比赛中，他们不仅能够对运动员同伴的竞技技能进行一定指导与帮助，而且还可以对打造良好团队人际关系、增强群体凝聚力起到一定促进作用。

服务型领导（Servant Leadership，SL）是指一种涉及以理服人、利他导向等人性化特征的领导形式，它强调领导者将自身利益暂时放在一边，优先考虑他人利益诉求，并采取科学举措，充分激发他人潜力的领导行为。[①] 在高校高水平运动队中，除教练员以外，焦点人物——运动员领导角色，在群体中发挥着重要的作用。[②] 运动员领导角色的服务型领导对群体凝聚力有正向预测作用；责任知觉、组织认同在服务型领导与群体凝聚力之间起中介作用；"领导成员关系"在运动员服务型领导与组织认同之间起调节作用。从本质上看，这是一种以人为本的领导方式或风格，独特之处就在于其"服务"的属性。他们利用服务型领导，通过服务等方式不断给队友提供帮助和机会，使队友能够切实参与到运动队的相关决策中，一方面增强运动员同伴社会支持的感知，增进彼此之间相互依存黏性；另一方面，对于运动员领导角色自身来说，也收获了更多队友同伴的信任与认同，使其更乐于帮助队友，也更愿意与队友分享自身所掌握的技能、经验与知识等，从而进一步增强了群体凝聚力。[③] 事实上，运动员领导力已经被证实了能够积极预测运动队的凝聚力。已有文献表明，在评估正式和非正式运动员领导行为时，同伴的社会支持和积极反馈与群体凝聚力呈正相关，特

---

① Greenleaf R K. Servant leadership: A journey into the nature of legitimate power and greatness [M]. New York: Paulist Press, 1977.

② 张建福. 教练领导行为对球员训练绩效影响的研究——以我国u-17足球队为例 [D]. 福州: 福建师范大学, 2010.

③ 高岩, 米小燕, 王先亮. 高校高水平运动队运动员领导角色对群体凝聚力的影响 [J]. 吉林体育学院学报, 2021, 37 (6): 1-9.

别是队长可以通过对其追随者表现出真正的关心和关怀,来培养队友对团队目标的一致可接受性,从而促进团队凝聚力。

在高水平运动队中,运动员领导角色采用服务型领导方式,将服务、关心和帮助队友放在首要位置,强调对队友合理诉求的满足。这种领导方式既能够获得队友更多的尊敬和信任,提升队友对其行为和领导方式的认可度和接受度,也能够激发队友主动关心和帮助他人的意愿。同时,服务型运动员领导角色本身所具有的真实、谦虚、抚慰等特点[①],以及所表现出的人际接纳和服务意愿,都可以增强包括教练员在内的团队认可和情感认同,也可以促进队友之间的相互依存关系,进而提升群体凝聚力。

运动员领导角色的领导行为和风格是发展团队凝聚力的前提。然而,运动员领导角色的领导方式无疑有别于教练员的领导方式(如变革型领导),他们是一种以"服务他人"为核心理念的领导风格(即服务型领导),关心服务运动队队友,并与自己的队友同伴共同成长。

4. 领导者的自我表露

研究结果表明,领导者的自我表露能够影响凝聚力,但不显著;自我表露和团体规范设置之间存在交互影响,即两个变量在一定程度上存在相互制约的关系。[②]

5. 领导者的个人魅力

教练员的魅力领导行为与运动员训练团队凝聚力在整体及各维度之间均呈正相关,良好的魅力领导行为有助于促进团队凝聚力的发展。[③]

---

① 苏伟琳,林新奇.服务型领导如何影响员工知识共享行为?——一个有调节的中介模型[J].财经论丛,2019(10):84-93.

② 贾烜,樊富珉.领导者自我表露及团体规范对团体凝聚力的影响[C].北京:第十七届全国心理学学术会议论文摘要集,2014.

③ 初少玲.高校高水平运动队教练员魅力领导行为和团队凝聚力关系研究[J].沈阳体育学院学报,2013,32(2):55-58,98.

6. 领导者共情

领导者共情与成员的自我表露对团体凝聚力都有显著影响，进一步分析表明，成员的自我表露对于领导者共情与团体凝聚力之间的关系起部分中介作用，即领导者的共情部分通过成员的自我表露对团体凝聚力产生作用。[1]

7. 教练员与运动员的关系

有研究考察了运动员对他们与教练关系的感知在多大程度上增加了对团队凝聚力的预测，结果超出了对教练领导能力的预测。111名大学运动员完成了四种自我报告工具，用以衡量群体凝聚力、教练领导力和教练—运动员关系的本质。多元回归分析显示，由任务和社会凝聚力的层次有序变量集所解释的方差。总体而言，结果显示，当包含运动员与教练关系的关系变量时，教练员的领导变量预测了任务和社会凝聚力的更多差异。此外，与社会凝聚力相比，领导能力和关系变量更好、更显著地预测任务凝聚力。[2]

（二）个人因素

众所周知，并非所有团体中的个体都能够自觉、自愿地凝聚在一起，为实现他们共同的目标而付出努力，团体成员的认知、情感、意志和行为层面的诸多因素影响团体凝聚力。团体凝聚力的高低取决于成员对于团体本身的态度，团体成员对团体和任务角色的认同度越高，团体凝聚力就越高。

1. 团体认同感影响团体凝聚力

认同是一种情感的传递、被他人同化、同化他人的过程。实践证明，

---

[1] 贾烜，樊富珉. 领导者共情、成员自我表露与团体凝聚力的关系 [C]. 北京：第二十一届全国心理学学术会议摘要集，2018.

[2] Jowett S, Chaundy V. An Investigation Into the Impact of Coach Leadership and Coach-Athlete Relationship on Group Cohesion [J]. Group Dynamic S Theory, Research, and Practice, 2004, 8 (4)：302-311.

认同是群体凝聚力的心理基础。主要从对团队目标、团队领导和团队规范的认同三方面将团体成员的认同感表现出来。团体认同感主要是从组织认同衍生而来。[①] 组织认同（Organizational Identification）是20世纪50年代以来，在社会认同（Social Identity）概念的基础上发展起来的。从认知的角度，组织认同被学者们界定为一种个体的单纯认知现象。梅尔（Mael）和阿什福斯（Ashforth）认为，组织认同是与组织一致，或是个体对自我归属于某个群体的一种知觉。[②] 达顿（Dutton）等认为，组织认同是一种个体和组织之间的认知联系，组织认同使员工用组织的特征来定义自己。[③] 普拉特（Pratt）和斯廷格尔（Stingel）认为，组织认同是组织成员对个体价值观和组织价值观一致程度的认知。徐玮伶和郑伯埙认为，组织认同是"个体定义自我的一种过程与结果，个体借由归属组织的过程，使自我概念与组织特性发生联结，并因而产生了分类的效果"[④]。从情感的角度，一部分学者认为，组织认同是一种个体与组织的情感表现。[⑤] 奥瑞利（O'Reilly）和查特曼（J.A.Chatman）提出，组织认同产生的基础是个体基于与认同目标保持情感满意的自我定义关系的吸引和期望。魏钧认为，组织认同是组织层面的变量通过个人感受加以吸收后，员工产生的一种主观感受。从社会学的角度，有学者把认知与情感两要素结合起来，认为组织认同是一系列相互独立但又相互关联的现象。里凯塔（Riketta）提出，组织认同是"个

---

① 肖乐. 湖北省高校龙舟队教练领导行为对团队凝聚力的影响：团队认同感的中介作用[D]. 武汉：华中师范大学，2020.

② Mael F, Ashforth B E. Alumni and their alma mater: a partial test of reformulated model of organizational identification [J]. Journal of Organizational Behavior, 1992, 13 (2): 103–123.

③ Dutton J E, Dukerich J M, Harquail C V. Organizational images and member identification [J]. Administrative Science Quarterly, 1994, 39 (2): 239–263.

④ 徐玮伶，郑伯埙. 组织认同：理论与本质之初步探索分析[J]. 中山管理评论，2002 (1): 45–64.

⑤ 魏钧，陈中原，张勉. 组织认同的基础理论、测量及相关变量[J]. 心理科学进展，2007 (6): 948–955.

体把自己和组织视为一体的自我认定（社会学角度），它是个体认知并内化组织价值观的结果（认知角度），表现为个体对于组织在归属感、自豪感和忠诚度等方面流露出的情感归依（情感角度）"。王彦斌认为，组织认同是指"组织成员在行为与观念等诸方面与所加入的组织具有一致性，并且成员觉得自己对组织既有理性的契约感和责任感，也有非理性的归属感和依赖感，以及在这种心理基础上表现出的对组织活动尽心尽力的行为结果——组织公民行为"[①]。王彦斌借鉴奥尔德弗（Alderfer）将人的需要划分为生存、交往和发展的理论，以中国文化为背景，提出了组织认同"三维"说，将组织认同分为归属性组织认同、生存性组织认同、成功性组织认同。[②]

组织认同的前因可归纳为个体特性、组织特性和环境特性三类，组织特性又集中表现为组织形象、组织氛围、工作特性和文化特性。组织认同的结果主要表现为对合作意图、满意度、基于组织的自尊（OBSE）、组织公民行为（OCB）和离职意图的影响。[③]

在20世纪末时，许多学者将团体认同感和组织认同感作为同一个变量。梅尔和阿什福斯认为，团体是组织的一种特殊形式，可以概括地看成组织的一个部分，相应的团体认同感也就被认为是组织认同感的一种形式。学者们在研究组织认同的过程中，更关注的是某个个体对自己的认知，以及如何将自己融入一个组织或者团体中去。

团体认同来自亨利·塔菲尔（Henry Tajfel）等人提出并加以完善的自我分类理论（Self-categorization Theory）和社会认同理论（Social Identity Theory）。自我分类理论认为，个体会根据环境背景，将自己或者他人分为内团队和外团队，为了能够达到提升自我的效果并且减少不确定性，个体更倾向于保持自己与团队原型的相似性。社会认同由类化、认同和比较

[①] 杜恒波.组织认同理论研究评述与展望[J].山东工商学院学报，2012, 26 (3)：66-70.

[②] 王彦斌，赵晓荣.中国企业员工的组织认同及其整合基础——以企业控股形式为视点的分析[J].江苏行政学院学报，2009 (6)：49-54.

[③] 宝贡敏，徐碧祥.组织认同理论研究述评[J].外国经济与管理，2006, 28 (1)：39-45.

三个基本历程组成。类化指人们将自己编入某一社群，认同是认为自己拥有该社群成员的普遍特征，比较是评价自己认同的社群相对于其他社群的优劣、地位和声誉。通过这三个历程，人们抬高自己的身价和自尊。社会认同理论把个体对群体的认同摆在核心的位置，认为个体通过社会分类，对自己的群体产生认同，并产生内群体偏好和外群体偏见，个体通过实现或维持积极的社会认同来提高自尊，积极的自尊来源于内群体与相关的外群体的有利比较。社会认同理论首次把人际和群际行为进行了区分，并把认同在个体和群体层次上区分为个人认同和社会认同两种自我知觉水平。

社会认同理论则提出了三个假设：个体在团队中拥有建立和优化个人自尊的动机；团队个体成员会在团队成员身份的基础之上构建自我概念；个体会为了保持积极的社会认同的前提下，对团队内外做出明显有利于自己的辨别。[1]

团体认同感是团体成员对由认知、情感和行为构成的团体的态度。从认知的角度，认同是个体的一种心理认知过程，梅尔和阿什福斯认为，它是指个人以及个人归属于某一集体的感知，团队中成员资格的感觉能够产生团队命运与个体命运相同的感知。[2] 团体认同感是指团体中的成员感知到团体的目标，认同团体的目标，并将其内化为自身的目标，认为自己是团体的一员。从情感的角度，阿什福斯提出，团队成员对团队身份的归属感和感知到团队身份的同一性，这一定义包含了认知和情感两个方面。[3] 到了21世纪初，部分学者开始将团队成员对于团队的认同独立于组织认

---

[1] 王朋. 团队创新氛围与团队创新绩效的关系研究: 团队认同的中介作用 [D]. 苏州: 苏州大学, 2013.

[2] Mael F, Ashforth B E. Alumni and their alma mater: a partial test of reformulated model of organizational identification [J]. Journal of Organizational Behavior, 1992, 13 (2) : 103–123.

[3] Ashforth B E, Harrison S H, Corley K G. Identification in Orgnizations: An Examination of Four Fundamental Questions [J]. Journal of Management, 2008, 34 (3) : 325–374.

同之外做研究分析[①],他们认为团队认同感主要是认知和情感两个方面,当个体对团队的信仰达到了个体所需的要求时,那么个体对团队就达到了团队认同,个体认同了团体,那么他会积极地将团体的目标内化为自己的奋斗目标,并且对团体有着强烈的归属感。从社会学的角度,群体认同指个体认可自己某一群体成员的身份,感觉自己与该群体紧密联结[②],并将该群体的主观规范、价值观等作为自我知觉的重要维度[③]。塔菲尔从社会认同的角度提出,来自团体成员资格和价值观与情感重要性的个体自我概念是与他们的成员资格相联系的,团体成员资格是团体认同的基础。

国外学者米切尔(Mitchell)在研究中指出,团队成员之间遇到了困难或者矛盾,倘若能够进行良好的沟通,对团队认同感具有重要促进效果,从而在工作中帮助团队成员解决困难,走出困境,提升团队凝聚力。在此基础之上,我国学者纪巍、毛文娟就在研究中指出,团队成员团队认同感与团队凝聚力相关关系显著,并且能够正向预测团队凝聚力,团队成员对团队的认同感越高,对团队投入的精力和时间去完成团队任务时,团队凝聚力就相应地越高。[④]

团体成员的团体认同感影响团体凝聚力。研究结果表明,民主型领导行为通过团体认同感间接影响团队凝聚力,专制型领导行为既可以直接影响团体凝聚力,也通过团体认同感间接影响团队凝聚力。

2. 团体成员角色认同影响团体凝聚力

团体成员是否明确自己在团体中所处的位置及扮演的角色,直接影响

---

① Fink J S, Trail G T, Anderson D F. An examination of team identification: Which motives are most salient to its existence? [J]. International Sports Journal, 2002, 6 (2): 195-207.

② Ellemers N, Haslam S A. Social identity theory [M] // Lange PAWV, Kruglanski AW, Higgins ET (Eds.), Handbook of Theories of Social Psychology. London: Sage Publications Ltd, 2012: 379-398.

③ Sani F. Group identification, social relationships, and health [M] // Jetten J, Haslam C, Haslam SA (Eds.), The social cure: Identity, health and well-being. New York, NY: Psychology Press, 2012: 21-38.

④ 纪巍,毛文娟. "多团队成员身份"对创新型团队凝聚力的影响——以团队认同为中介[J]. 科技进步与对策, 2016, 33 (23): 142-148.

共同目标的实现。一个团体要正常地发挥它的功能，有些成员在活动任务的准备和执行阶段必须扮演重要角色，另一些成员则充当次要角色，并不是每一个成员都能成为核心人物。每一个团体成员明确了自己的角色和任务，会进一步促进成员间的互动活动，使团体保持一致。研究发现，团体成员是否明确在团体中自己扮演的角色直接影响共同目标的实现。布劳利等人曾提出，对运动队而言，明晰的成员角色，对角色的接纳程度，以及运动表现三个因素与任务凝聚力之间的关系非常密切。[①] 当运动员明确了自己在运动队中所要担负的责任及扮演的角色，并且非常认同合约责任时，他们往往会倍加努力，充分发挥自己在团体中的作用。

运动员角色认同是指"个人对自己身为运动员角色的认同程度"，即个人觉察自己是一位运动员，是在其所拥有的自我概念当中有关自我认同的部分，属于认知因素。美国心理学家艾利斯的认知理论发现，认知是决定行为产生的关键因素，行为的产生不是直接由外界的刺激所引起的，而是由主体对外界刺激的认知与评价引起的，也即认知导致行为的产生。按照艾利斯的理论，运动员认同度高的个体，运动投入多，比赛成绩也好。国内外的大量科学研究和众多体育工作者的实践经验也恰恰发现，运动员角色认同度高的个体，的确会较全心地投入运动训练，也会较专注于运动表现，运动满意度也较高，运动成绩也相应较好。因此，在体能训练与技术训练水平均达到较高程度，不易继续突破的时候，要继续提高运动员的比赛成绩，提高运动员在训练比赛中的投入程度，关键因素是运动员从心理上是否认同其运动员角色。只有运动员认同度得到提高，他们才会更主动地投入训练和比赛。[②]

角色模糊与角色冲突存在于相互依存的团队并影响着团队凝聚力。对

---

① Brawley L R, Carron A V, Widmeyer W N. Assessing the Cohesion of Teams: Validity of the Group Environment Questionnaire [J]. Journal of Sport Psychology, 1987, 9 (3): 275-294.

② 宋湘勤，殷恒婵，王琼. 高水平运动员角色认同的心理干预实验研究 [C]. 心理学与创新能力提升——全国心理学学术会议. 2013.

参加第十六届 CUBA 西南赛区 28 支男女球队 250 名大学生篮球运动员进行问卷调查，发现大学生篮球运动员的角色模糊与冲突可以很好地预测团队凝聚力，但角色模糊与冲突在进行凝聚力预测时不存在交互效应，角色模糊与角色冲突对团队凝聚力预测有不同的表现特征。[①] 效力和凝聚力与代表个体运动员的有价值角色的表现有关。从逻辑上讲，当运动员觉得自己在执行有价值的重要角色时，他们就会在团队中体验到更大的凝聚力。

3. 成员的满意度影响团体凝聚力

满意感是队员对团队的认可度和满意度，对团队自身及其有关方面，如环境、训练状态、训练方式、训练压力和人际关系等有良性感受的心理状态。个人对团体活动任务和团体成员间的人际关系的满意感（Satisfaction）有助于运动队凝聚力的发展。马腾斯和彼得森（Peterson）认为，运动队凝聚力、成绩和满意感之间存在着一种循环关系。运动队的凝聚力有助于成绩的获得，取得的成绩又导致满意感的提升，满意感加强了运动队的凝聚力，满意感是成绩与运动队凝聚力之间的中介变量。

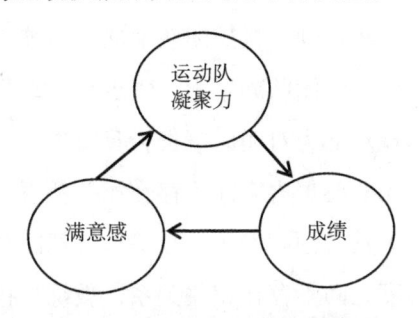

图 3.12 马腾斯－彼得森模式

威廉姆斯（Williams）和哈克（Hacker）提出，成绩和凝聚力都会影响满意感，但是，满意感不会导致任何结果，成绩是影响满意感和运动队凝聚力最重要的因素。

运动队成员的满意感是团体凝聚力的最佳预测指标，通过运动员感知

[①] 杨明旭. 角色模糊与冲突预测团队凝聚力的表现特征 [J]. 浙江体育科学, 2016, 38 (4)：111–116.

的非专制式的教练员领导行为的展现,影响运动员对于"领导与团队"的满意度,进而影响团队凝聚力达到最高。[①]

4. 成员的情绪智力影响团体凝聚力

心理能力同体能、技能、战术能力、运动智能共同构成竞技能力,运动员的竞技能力直接影响竞技比赛的胜负,继而影响着我国竞技体育的综合实力。情绪智力及凝聚力同属心理学研究范畴,众多研究表明,情绪智力及凝聚力与运动表现及成绩之间密切相关,对心理能力的测量、评价、监测及训练是全面提升竞技体育综合实力的重要环节。在排球等技能主导类隔网对抗性运动中,团结就是生命,凝聚力就是战斗力,丰富的个人、集体攻防战术,以及排球运动独特的规则要求团队成员之间在思想、意识、技术和战术上高度协调,从而形成默契配合,这些都离不开强大的团队凝聚力作为支撑。研究发现,青少年运动员排球团队情绪智力四个维度与团队凝聚力四个维度之间均存在正相关关系。青少年运动员排球团队情绪智力显著正向影响团队凝聚力,运动员排球团队情绪智力对团队凝聚力具有较强的预测作用。青少年运动员排球团队情绪分享能力和青少年排球团队情绪规范能力显著正向影响团队凝聚力,青少年运动员排球团队情绪分享能力和排球团队情绪规范能力对团队凝聚力具有较强的预测作用。教练员排球团队情绪智力与凝聚力之间不存在相关关系,教练员排球团队情绪智力对团队凝聚力不具有预测作用。教练员排球团队情绪智力四个维度与团队凝聚力四个维度之间不存在相关关系,教练员排球团队情绪智力四个维度对团队凝聚力不具有预测作用。[②]

5. 心理资本影响团体凝聚力

心理资本(Psychological Capital Appreciation,简称PCA)是企业除了财力、人力、社会三大资本之外的第四大资本,它是指个体在成长和发展过程中表

[①] 由世梁. 大学篮球教练员领导行为、团队冲突、团队凝聚力与满意度关系的研究[J]. 沈阳体育学院学报, 2014, 33(4): 115-121.

[②] 董家秀. 青少年排球团队情绪智力对团队凝聚力影响研究[D]. 开封: 河南大学, 2021.

现出来的一种积极心理状态，是超越人力资本和社会资本的一种核心心理要素，也是促进个人成长和绩效提升的心理资源。包含自我效能感（自信）、希望、乐观、坚韧和情绪智力等。非正式结构体育社团成员心理资本和群体凝聚力量表在研究中得到验证，心理资本量表中包括了自信、感恩、希望、宽容、乐观五个维度。其中，希望、感恩、宽容变量与群体凝聚力具有正相关关系，对群体凝聚力的解释力远大于人口统计学变量。[1]

6. 团体成员基本心理需要的满足影响团体凝聚力

需要（Need）被广泛应用在有关动机的心理学研究中，表现为机体内部的一种不平衡状态和对内外部环境的一种稳定要求。[2] 同理论对需要的定义存在差异，但大都指向动机的具体内涵，即动机是动力和行为方向的基础。自我决定理论（Self-Determination Theory，SDT）从心理学视角出发，认为"需要是指对获得持续的心理成长、整合以及幸福感所必需的内在心理营养"。需要有内外部之分，内部需要又分生理和心理两大类，只有在某种需要得到满足的条件下能观察到个体最优的心理发展和幸福感，而在被削弱的条件下观察到个体发展的退化或不幸福，称为SDT定义的心理需要。心理需要也有很多，人类必需的心理需要就被称为基本心理需要（Basic Psychological Needs）。[3] 管理心理学认为，成员对集体的依赖在很大程度上取决于社会心理的因素，即集体对个人社会心理需要，包括社交需要、安全需要、成长需要、自尊心、成就感、信心与力量感等的满足状况。人类具有朝着心理成长、内化和幸福的方向发展的自然倾向，自主、胜任、关系三种基本心理需要（Satisfaction of Needs）就是必不可少的因素。莱恩（R M Ryan）和德西（E L Deci）提出的自我决定理论（Self-Determination Theory）认为，自主需要（Autonomy Need）是指个体有按自己的意志去选择，

---

[1] 张铁明. 非正式结构体育社团成员心理资本与群体凝聚力关系的实证研究 [J]. 武汉体育学院学报, 2015, 49 (2): 58-63, 100.

[2] 彭聃龄. 普通心理学 (修订版, 第2版) [M]. 北京: 北京师范大学出版社, 2001.

[3] Deci E L, Ryan R M. The "What" and "Why" of goal pursuits: Human needs and the self-determination of behavior [J]. Psychological Inquiry, 2000, 11 (4): 227-268.

并认可自己的选择，体验到可以主宰自己行为的需要，个体感受到对自己行为上的控制感和心理上的自由，代表对自己行为的内在认可。胜任需要（Competence Need）是指个体体验到有能力完成一定难度的活动或任务，个体感觉到的对于环境的掌控感，关系到个人在与社会环境的持续互动中感到有效的程度。[1]关系需要（Relatedness Need）是指个体需要来自环境或他人的关爱、理解和支持，体验到一种归属感和亲近感。[2]个体在他们的社会环境中对他人的归属感和联系感的程度，当关系需要被满足时，人们会感受到一种安全的人际氛围。[3]这是完全独立的结构，没有等级之分，将需求视为平等和可互换的是不合适的，可能的原因还有待进一步研究和验证。[4]

所有个体都是千变万化的，既有成长和繁荣的潜力，同时也具有防御甚至病理功能特征的缺陷，临床心理学关注类似抑郁和冲动等病理结果的发展，而积极心理学更加关注对人的成长和人性有贡献的心理品质，如同理心、感恩、宽恕等。自我决定理论通过一个基本原则，充分解释了人类功能和发展的"dark"和"bright"两面：基本心理需要满足和受挫[5]，这是连接积极心理学和病理心理学的主要桥梁[6]。需求受挫是需求满足缺失

---

[1] Deci E L, Ryan R M. The General Causality Orientations Scale: Self-Determination in Personality [J]. Journal of Research in Personality, 1985, 19 (2): 109-134.

[2] Deci E L, Ryan R M. Self-Determination Theory and the Facilitation of Intrinsic Motivation, Social Development, and Well-Being [J]. American Psychologist, 2000, 55 (1): 68-78.

[3] Baumeister R F, Leary M R. The need to belong: desire for interpersonal attattchments as a fundamental human motivation [J]. Psychological Bulletin, 1995, 117 (3): 497-529.

[4] Broeck A V D, Ferris D L, Chang C-H, et al. A Review of Self-Determination Theory's Basic Psychological Needs at Work [J]. Journal of Management, 2016, 42 (5): 1195-1229.

[5] Ryan R M, Deci E L. The Darker and Brighter Sides of Human Existence: Basic Psychological Needs as a Unifying Concept [J]. Psychological Inquiry, 2000, 11 (4): 319-338.

[6] Vansteenkiste M, Niemiec C P, Soenens B. The Development of the Five Mini-Theories of Self-Determination Theory: an Historical Overview, Emerging Trends, and Future Directions [J]. Advances in Motivation & Achievement, 2010, 16 (7): 105-165.

的必要不充分条件，需求满足程度低可能会阻碍个体成长，需求受挫可能是十分有害甚至是致病的，在对体育专业学生感知教学方式的动机体验实证研究中也得到了相似的结论。[1]需要满足和需要受挫有可能同时发生，对二者进行区分是必要的，存在不同的前因和结果。[2]

成员的自主需要影响团体凝聚力。民主型领导行为给予成员自主权，满足成员的能力感知、自主性和关系感等自主需要，运动员之间以及同教练之间关系会更融洽，通过团队认同感间接影响团队凝聚力。[3]

增强团队成员的归属感是提高团体凝聚力的关键。归属感是团队成员具有合群性的一种表现，同时也是人们的一种情感的倾向。往往当人们认识到自己是所在群体的一员，他就会产生强烈的"我群"观念，自觉遵守团体的各项规定，为团体出谋划策、事事出力。[4]成员的归属感的强度通常与他向群体的向心力的大小成正比。

满足团队成员的胜任需要有助于提高团体凝聚力。胜任感是个体的价值体现，胜任需要与成绩有关。个体的自信程度、自我效能感决定了个体是否能够在变换角色时或遇到冲突时及时调整自己，重新融入团体中。已有的研究结果表明，运动队的成绩对群体凝聚力存在影响。1982年，鲁德（Ruder）等人对22支女子足球队进行了研究，结果发现，当运动队获胜时，凝聚力会相对提升；反之，当比赛失败时，队员的归属感和团队的凝聚力会立即降低。运动队的成绩影响着队员对团队的认可和满意度，如果运动队的参赛成绩理想，运动员可以从成绩中获得信心和成就感，提高自我效

---

[1] Bartholomew K J, Ntoumanis N, Ryan R M, et al. Psychological Need Thwarting in the Sport Context: Assessing the Darker Side of Athletic Experience [J]. Journal of Sport & Exercise Psychology, 2011, 33 (1): 75–102.

[2] 张晓飞, 岳薇萌. 基本心理需要研究展望：基于WOS (1995–2021) 数据的分析 [J]. 管理工程师, 2022, 27 (5): 28–37.

[3] 魏瑶, 洪冬美. 教练领导行为与大学生运动员自主需要、内在动机关系模型构建 [J]. 天津体育学院学报, 2007, 22 (3): 262–265.

[4] 唐子畏. 影响群体凝聚力的心理因素 [J]. 湖南师范大学社会科学学报, 1990 (2): 55–57.

能感，同时也提高了运动员的士气，团队关系更加融洽，团体凝聚力也得到增强；反之，比赛失利导致运动员的自信心受挫，参赛的士气和勇气下降，群体凝聚力也有可能受到影响。有研究表明，在半职业足球队和篮球队中，任务凝聚力与教练和队友的效能感知呈正相关，队友或教练感知到的效能感与群体凝聚力呈正相关。① 同样，在高水平专业运动队中，运动员的自我效能感与团体凝聚力呈显著正相关。② 但反过来，对于提高运动队的团体凝聚力是否也可以在某种程度上增强运动员的自身素质，目前尚没有充分的研究证明。

团体凝聚力提高成员的力量感。团结就是力量，团体的凝聚力乃是团体成员发生作用的所有力量的汇合。既表现团队的团结力量，又表现个体的心理感受，在本质上体现了人心理活动的知、情、意的辩证统一。③

7. 成员的角色投入影响团体凝聚力

角色是指人们在社会单位中，由于担任某种工作或职责，而有一组预定的行为形态。角色投入（Role Involvement）是类似于组织行为学中工作投入（Job Involvement）的概念，是人对自己所担任的角色（工作或职责）的认同程度、积极参与程度。④ 马红宇编制的"运动员角色投入问卷"包含了三个维度：角色明确（RC）是指运动员对自己所在运动队中所承担的角色职责认识的清晰程度；角色认同（RA）是指运动员对其角色职责的积极参与程度；角色配合（RS）是指运动员与队友间角色的配合、协调程度。⑤

---

① Marcos F M L, Miguel P A S, Oliva D S, et al. Interactive effects of team cohesion on perceived efficacy in semi-professional sport [J]. Journal of Sports Science and Medicine, 2010, 9 (2): 320-325.

② 肖红, 牛福安, 王卫宁, 等. 高水平运动员自我效能感、群体凝聚力与组织效能关系研究 [J]. 武汉体育学院学报, 2016, 50 (9): 81-86.

③ 时蓉华. 社会心理学 [M]. 浙江: 浙江教育出版社, 1998: 211.

④ 马德森, 刘一民. 体育团队凝聚力多维综合评价体系的研究 [J]. 北京体育大学学报, 2005, 28 (2): 152-154.

⑤ 马红宇, 王二平. 凝聚力对教练员领导行为、运动员角色投入和运动员满意度的中介作用 [J]. 体育科学, 2006, 26 (3): 64-69.

布劳利、卡伦和威德米（Widmey）的研究表明，角色明确及角色认同与凝聚力的相关程度较高。[1]艾斯（Eys）和卡伦的研究发现，运动员对自身角色职责认识的明确程度愈低，其所知觉到的任务凝聚力愈低。[2]李元在研究高校高水平女子排球运动员角色认同与自我效能、运动动机的关系时，得出高校高水平女子排球运动员对运动员角色的认同高于对大学生角色认同，且高校高水平女子排球运动员随着年限的增长，运动员认同也会随着提高。此外，运动动机也会随运动员角色认同的提高而提高。[3]CUBA篮球运动员的角色投入可显著预测球队的群体凝聚力，但不同性别的角色投入对群体凝聚力的影响途径有所不同：男运动员所知觉的角色明确对群体凝聚力的影响显著，而女运动员知觉到的角色配合对群体凝聚力的影响显著。造成这种差异的原因主要与性别角色有关。有研究发现，与男性相比，女性更具有相互支持、平等、合作、注重与同伴的关系、愿意与同伴分享的情感特征。男性更注重任务取向，即如何使工作完成；而女性更注重互动取向，即着重与他人关系的建立。[4]在干预研究中，宋湘勤、殷恒蝉和王琼探索增进高水平运动员的角色认同，进而提高运动员心理稳定性和比赛成绩的方法和策略。研究结果表明，心理干预后，实验组和对照组高水平运动员角色认同（除社会认同维度外）存在显著性差异，实验组运动员角色认同水平高于对照组，运动员角色认同显著提高。[5]

---

[1] Brawley L R, Carron A V, Widmeyer W N. Assessing the Cohesion of Teams: Validity of the Group Environment Questionnaire [J]. Journal of Sport Psychology, 1987, 9 (3): 275-294.

[2] Eys M A, Carron A V. Role Ambiguity, Task Cohesion and Task Self-Efficacy [J]. Small Group Research, 2001, 32 (3): 356-373.

[3] 李元. 高校高水平女子排球运动员角色认同与自我效能、运动动机的关系 [D]. 北京: 北京体育大学, 2017.

[4] 张军. CUBA篮球运动员的角色投入与球队群体凝聚力关系研究 [J]. 首都体育学院学报, 2007, 19 (6): 99-102.

[5] 宋湘勤, 张志如. 高水平运动员角色认同的心理干预实验研究 [J]. 当代体育科技, 2015, 5 (15): 189-191.

个体水平的角色投入是预测团体凝聚力的重要变量。[①] 角色投入对团体凝聚力四个维度的影响在个体水平的作用最大。究其因，可能是对内各运动员的角色人物不一致，特别是集体性项目中，身为主力队员和替补队员，其角色投入程度可能不同，导致预测作用抵消，因此，角色投入更应该作为个体因素进行研究，这与卡伦的研究模型和心理学对角色投入的假设都比较一致。角色投入的运动队均值的影响作用与个体感知的影响作用的差距并不是很大，角色投入均值仍然是具有预测力的因素，这也进一步佐证了角色投入是预测团体凝聚力效果较好的变量。

[①] 张影.不同项目运动队群体凝聚力的多层分析[D].武汉:华中师范大学,2006.

第四章 民族传统体育提升团体凝聚力之所以能、何以能与如何能

传统文化是一个国家、民族的灵魂。中华民族文化中孕育着优秀的民族传统体育文化体系，其健身养生的哲理和丰富的技能体系，积淀着中华各民族的精神理念和健康价值观，是体育文化繁荣发展和"体育强国"梦想实现的重要基石。在现代化与全球化双重背景下，中华诸多优秀传统体育文化已经退出或消失于日常生活中，甚至很少出现在社会组织活动中，逐渐失去了应有的功能和生存根基而渐微失传或消亡。随着社会的发展和网络技术的普及，当代青年身处价值观多元、信息庞杂的环境中，如何保持并进一步提升团体凝聚力，是一个颇具现实意义的研究课题。

2021年，习近平总书记在党的十九届六中全会指出："要加快推进体育强国的建设，要大力弘扬中华体育精神，充分体现新时代的体育担当。"2017年1月，中共中央办公厅及国务院办公厅发布《关于实施中华优秀传统文化传承发展工程的意见》，其中就已经提出"文化是民族的血脉，是人民的精神家园"。2019年8月，《国务院办公厅关于印发体育强国建设纲要的通知》中把"促进体育文化繁荣发展"作为体育强国建设的重要

战略任务。基于此，加强中华优秀传统体育文化研究是积极响应党的十九大报告精神、文化强国建设和体育强国建设的客观要求。

第一节 民族传统体育提高团体凝聚力之所以能

根据费孝通先生的"民族认同意识的多层次论"[1][2]，"中华民族这个民族实体里所有归属的成分都已具有高一层次的民族认同意识……高层次的认同并不一定取代或排斥低层次的认同，不同层次可以并存不悖"[3]。56个民族除具有自我及他者民族身份认同意识外，还具备较高层次的中华民族认同意识。节庆是民族传统体育传承的重要生活场域，节庆体育可以提高团体凝聚力，进而铸牢中华民族共同体意识。节庆体育建构了我族认同、他族认同和国族认同三个递进的层次。

首先是基础层，节庆体育建构我族认同。大卫·科泽指出，一个民族"为了吸引成员、集纳拥趸，必须具有某种呈现自我的方式，并通过仪式的手段建构一种特殊的认同"[4]。节庆体育作为民族自我呈现的形式之一，是一种仪式化的身体展演，能为群体成员提供可追忆的象征物。本民族的群体成员会从中不断追寻自我的身份，从而确定自己的归属和"我们"的共同身份，并产生一种对我族的依赖感和认同感。

其次是提升层，节庆体育建构他族认同。作为各民族交往交流的重要平台，节庆体育能打破族际边界，增进多个民族之间的交往、交流和交融，

---

[1] 苏航. "汉族中心"还是"汉族核心"：费孝通"中华民族多元一体格局"理论新探——兼评新清史的内亚王朝史观[J]. 西南民族大学学报（人文社会科学版），2019，40（9）：14-22.

[2] 闫国疆. 社会记忆、民族身份与国家认同[J]. 中央社会主义学院学报，2019（6）：97-105.

[3] 费孝通. 中华民族的多元一体格局：民族学文选[M]. 北京：生活·读书·新知三联书店，2021：515-516.

[4] 大卫·科泽. 仪式、政治与权力[M]. 王海洲，译. 南京：江苏人民出版社，2021：28.

增进相互理解、相互包容、彼此认同。这种状态也将我族与他族建构成一个包容水平更高的上位群体，即"共同内群体"。换言之，就是将我族和他族泛化为一个包容水平更广的"我们"。①

最后是升华层，节庆体育建构国族认同。作为上位认同，国族认同正是同内群体的族际边界泛化到整个国家民族后所形成的对中华民族的认同。节庆体育能使各民族逐渐体认到大家所共有的精神文化，最大程度感知族际间的"共同性"。这种"感知共同性"使各民族培养了更广泛的"我们感"，形成了对共有民族身份的归属感和一体感，从而铸牢中华民族共同体意识。

第二节 民族传统体育提高团体凝聚力之何以能：价值寻绎

与西方体育不同，民族传统体育具有独特的凝聚人心的优势。人具有自然和社会两种属性，人的社会性要求人必须依存于某个群体。社会的群体和群体之间为了本身的存在和生活，也总是多渠道、多方面地彼此发生联络。民族传统体育作为一个媒介，发挥了民族间桥梁与纽带的作用，除了具有休闲娱乐、强身健体的功能外，还能加强人际交往，增进民族团结，而其最显著的社会性作用是加强团体的凝聚力。民族传统体育作为中华优秀传统文化的重要传播载体，在中华民族共同体建设过程中扮演着各族人民沟通交流的使者角色，成为族际互动与交融的重要桥梁，既是新时代民族传统体育发展的必然方向，也是民族传统体育提高民族凝聚力的"能力"所指。

---

① 管健, 荣杨. 共同内群体认同：建构包摄水平更高的上位认同 [J] . 西北师大学报 (社会科学版), 2020, 57 (1)：39–49.

一、民族传统体育提高社交凝聚力

"文化是一个群体的社会关系被建构、被形塑的方式,但也是体验、理解和阐释这些关系形态的途径。"[①] 根植于地域文化、社会与生态之中的民族传统体育是促进各民族交往交流交融的重要载体,对提高社交凝聚力、进而铸牢中华民族共同体意识具有显著作用和独特价值。民族传统体育从广泛交往、全面交流到深度交融依次递进和不断深化的三重路径,铸牢中华民族共同体意识,提高各民族的社交凝聚力。[②]

在民族传统体育项目中,舞龙舞狮、舞龙灯、板鞋竞速、蹴球和赛龙舟等集体性项目的开展,需要全体成员的团结协作。我国是一个多民族国家,遵循"团结、进步、和谐、奋进"的宗旨,通过举办不同级别的少数民族传统体育运动会等赛事,为各民族搭建交往、交流和交融的平台,增强了各族群众的情感,提高了社交凝聚力。有研究发现,民俗民间体育活动促进人际的互动行为,进而对社区共同体意识具有显著正向影响。[③] 校园民族运动会暨"走下网络走出宿舍走向操场"主题系列活动既丰富了校园文化活动的内涵,又增进了不同民族学生的交往、交流和交融,促进了其社会资本的积累。国外的研究发现,在英格兰北部,10-11岁的巴基斯坦人、黑人和英国白人男孩参加板球和足球俱乐部,探讨了"种族混合"促进社区"社交凝聚力"的问题。儿童社会学认为,儿童是自己生活的积极参与者和共同创造者。儿童在体育环境中积极地建构自己的社会资本,即使在所谓的不涉及政治的体育俱乐部,儿童的社会身份也以动态的方式

---

① 斯图亚特·霍尔, 托尼·杰斐逊. 通过仪式抵抗: 战后英国的青年亚文化[M]. 孟登迎, 胡疆锋, 王惠, 译. 北京: 中国青年出版社, 2015: 79.

② 白晋湘, 郑健. 交往交流交融: 苗疆传统体育铸牢中华民族共同体意识的三重路径[J]. 体育学刊, 2022, 29 (1): 1-8.

③ 石海凤. 民俗民间体育对易地扶贫搬迁社区的人际互动影响研究——以武威市黄花滩移民社区为例[D]. 兰州: 西北民族大学, 2021.

被塑造和建构。这挑战了许多文献中关于"社会隔离"的假设，即少数民族儿童缺乏社会资本、缺乏技能和被宗教隔离。这并非否认他们容易遇到贫困和种族主义等结构性问题，即使是在相对受欢迎的"种族混合"运动队环境中发展出社会资本的儿童，他们也经历了障碍，被一些更广泛的社会活动所排斥，并不被团队接受。体育运动确实在促进更好的文化理解和消除对"他人"的恐惧方面发挥着重要作用，然而，必须注意到儿童与朋友、父母和社区所做的"看不见的"身份形成。与限制多元文化主义的政治压力相比，必须营造一个宽容的环境，对社会身份结构的多样化和流动性予以支持，支持儿童发展他们自己的社会身份，从而包容差异，同时也缔结联系和友谊的纽带。在英格兰北部的儿童参加"种族混合"运动队，促进了儿童在家庭、同龄人、体育俱乐部中身份的自我对话，这是在体育运动中提高"社交凝聚力"的关键。[1]

二、民族传统体育提高任务凝聚力

中华人民共和国全国少数民族传统体育运动会（以下简称"全国民族运动会"）是发展民族传统体育、增强民族团结、弘扬民族文化最重要的承载体。[2] 崔立根通过对领导行为与团队凝聚力关系的探讨发现，训练指导行为对群体任务吸引和群体任务一致性这两个任务凝聚力维度有显著的预测作用。

在三级民族传统体育赛事（校级运动会、省级民运会、全国民运会）中，各运动队秉持着"友谊第一、比赛第二"的原则，展开激烈角逐，团结协作，奋力拼搏，践行"更高、更快、更强、更团结"的奥林匹克精神，争取实

---

[1] Cockburn T. Children and the 'Social Cohesion' Agenda in Sport: Children's Participation in 'Ethnically Mixed' Sports Teams in the North of England [J]. Children & Society, 2016, 31 (1): 50–60.

[2] 黎文坛, 胡小明. 民族运动会的发展理念初探 [J]. 体育学刊, 2012, 19 (1): 39–43.

现团体目标。

三、促进文化认同，提升民族凝聚力

随着全球化的加速和信息技术的快速发展，国际社会的竞争越发激烈，各个国家也在不断探索如何在这个时代中更好地发展。在这样的背景下，增强民族凝聚力成为当前国家面临的首要任务。只有通过增强民族凝聚力，才能实现国家的长治久安和持续发展，增强民族凝聚力是国家当前的首要任务。

民族是民族凝聚力的载体，民族凝聚力是民族的纽带、支柱。民族凝聚力蕴藏于民族生命之中，构成民族生命力的主要部分。[1]民族凝聚力包括民族整体对其成员的吸引力，民族成员对民族整体的向心力以及民族成员相互间的亲和力。

民族凝聚力是以一种观念形态（情感、愿望、理想、价值观等）蕴藏在每一个民族成员之中，是能够让民族个体结合在一起的情感力量。[2]民族凝聚力是指"民族整体对民族成员的吸引力、成员对民族整体的向心力、成员之间的亲和力，是吸引力、向心力和亲和力的总和"。中华民族凝聚力是中华民族共同的民族心理和民族精神的集中体现。从本质上说，中华民族凝聚力就是把中华全体成员结成一个统一的有机整体并确保中华民族的生存、发展的内在力量[3][4]，体现为"民族整体对组成民族的各主体及民族的成员的吸引与聚合，组成民族的各主体、民族成员对民族整体的认同

---

[1] 姜樾. 从民族学考察民族凝聚力 [J]. 广西民族研究, 1992 (4)：52-57.

[2] 张清. 民族传统体育文化对民族凝聚力的影响研究——以樟村镇板灯龙为例 [D]. 上海：上海师范大学, 2017.

[3] 孔庆榕, 张磊. 中华民族凝聚力学 [M]. 北京：中国社会科学出版社, 1999.

[4] 赵慧峰. 中华民族凝聚力问题研究综述（上）[J]. 鲁东大学学报（哲学社会科学版），2018, 35 (5)：22-32.

与忠诚,组成民族的各主体之间、民族成员之间的团结与亲近"[①]。费孝通先生指出,"中华民族是一体""中华民族是包括中国境内56个民族的民族实体",中华民族凝聚力是维系中华民族这个实体的强大的内在力量。中华民族凝聚力有三层内核:首先,中华民族凝聚力表现为一种统一力,包括中华民族整体对各民族的吸引力、各民族对中华民族整体的向心力、各民族之间的亲和力;同时,中华民族凝聚力表现为一种生命力,包括中华各民族的生存适应能力、危急时刻的抗争力、发展的创新力、独立自主能力;中华民族凝聚力最终表现为认同中华民族、认同中华文化、认同国家的强大认同力。

全国民族运动会推动着民族文化的融合及进步。"和合"乃中华文化的精髓,中华文化的形成来源于56个民族文化不断交流、兼容并包。"各民族多元一体,是老祖宗留给我们的财富"[②],在中国古今发展中,多元互嵌形成了民族一体,民族文化不断进行着自我更新和交流借鉴。新中国成立以来,全国民族运动会便为民族文化的更新和交流提供平台,为民族文化的自觉和自信不断注入活力。其次,全国民族运动会增进了少数民族的文化认同。全国民族运动会有效地衔接个人记忆与群体记忆,建立深层次的认同和团结,让各民族找到属于自己的时空场域,增进更广泛的文化认同。[③] 再次,全国民族运动会保障了文化领域的安全。定期举办的全国民族运动会为各民族提供交往和交融的平台,各民族"各美其美美人之美,美美与共天下大同",起到了强化民族同胞的民族身份认同和多元一体的文化认同。

民族传统体育提升民族凝聚力的三层逻辑是促进我族认同、他族认同

---

① 刘敬孝,杨晓莹,连铃丽. 国外群体凝聚力研究评介[J]. 外国经济与管理,2006,28(3):45-51.

② 新华网. 习近平:中华民族一家亲 同心共筑中国梦[EB/OL]. (2015-09-30) [2020-10-15]. http://www.xinhuanet.com//politics/2015-09/30/c_1116727894.htm.

③ 陈振勇,童国军. 节庆体育的集体记忆与文化认同——以凉山彝族自治州火把节为例[J]. 体育学刊,2013,20(4):124-128.

和国族认同。

（一）符号独享：深化集体记忆、建构我族认同的关键

集体记忆指一个特定社会群体的成员共享往事的过程和结果[①]，其形成离不开一个群体成员共同的"过去"，离不开表达集体意愿的仪式和符号系统。一个民族的集体记忆往往包含着本民族成员的共同经验，承载着本民族成员共同的民间信仰、风俗习惯、人伦秩序等要素，其结果就是凝化为一系列固定且独具民族特色的文化标识，象征着"我们"的共同身份。人们在对"我们是谁"的追寻过程中，往往会从集体记忆里汲取养分，以期获得归属感和一体感。可以说，集体记忆不仅是一个民族存续的基础，更是建构我族认同的关键。

王明珂指出，一个民族"常以共同的仪式来定期或不定期地加强此集体记忆"[②]。节庆体育正是人们通过象征性地重构过去发生的事件而开展的一种仪式活动，具有支撑记忆与认同的技术性作用。作为一种重复的固定形态，节庆体育常以符号独享的形式深化本民族的集体记忆、建构我族认同。所谓符号独享指一个民族的内部成员所享有的具有群内共识性的文化符号，各民族都有独具本民族特色的节庆体育文化符号，用以区别于其他民族。如那达慕大会上展现的敖包、蒙古马、搏克等元素是蒙古族独享的文化符号，传递着蒙古族共同的集体记忆和精神气质。

各民族独享的节庆体育文化符号是依赖于仪式而存在的，以回忆的形式来深化集体记忆、建构我族认同。作为集体记忆的贮存器，节庆体育常与一个民族的神话传说、民间信仰有紧密联系，保留着本民族"过去的重要人物与事件"。如傈僳族每逢农历二月初八举行爬刀杆活动，以纪念明代驻守西南边陲的英雄人物王骥。这种英雄崇拜是烙印在傈僳族节庆体育

---

① 麻国庆.记忆的多层性与中华民族共同体认同[J].民族研究,2017(6):47-57,124-125.
② 王明珂.华夏边缘:历史记忆与族群认同[M].北京:社会科学文献出版社,2006:29.

中的实践传统,象征着傈僳族不畏艰险、勇往直前的精神,不仅成为群体成员的共同记忆,也是维系群内向心力的纽带。但这种"过去"若没有通过符号互动或仪式叙事被表述出来,就容易随时间和环境的变化而衰减乃至消失。[1]因此,人们又借助节庆体育中一系列的仪式和符号将记忆情景化,来重现共同的"过去"。在上刀杆之前,傈僳族会举行下火海仪式。下火海即"洗火澡",一群赤裸上身的壮汉在火海里翻滚、跳跃,接受火的洗礼。这是傈僳族对昔日英雄率领众将士蹚过燃烧的火堆、顺刀梯而上攻打敌人的场景的模拟与再现。[2]同时,刀山、火海这两个凡俗的文化符号在仪式的反复作用下产生了"宗教力",即让群体成员拥有了集体力量和集体情感。可以说,爬刀杆不仅是傈僳族对往昔英雄壮举的复现,更是成为凝聚群体成员的力量。涂尔干指出,"如果一个人看到了如此遥远的过去重新回到了他的身边,如此宏伟的事物重新激荡着他的胸怀,他就会更加确信自己的信仰"[3]。总之,节庆体育可以通过将独享的文化符号仪式化、情境化,来深化集体记忆、建构我族认同。

(二)符号融合:延展符号边界、建构他族认同的体现

符号边界指我族与他族所独享的文化符号的差异,是区分我族与他族的文化界线。但各民族从来都不可能是完全孤立的存在,而是始终在社会生活中保持着与其他民族的往来[4],这也使族际间的符号边界得以延展。延展符号边界意味着我族和他族在交往交流的过程中,逐步体认到彼此的文化共同性,在维持本民族特色的基础上,与他族交流、互鉴和融通,从

---

[1] 管健,郭倩琳.共享、重塑与认同:集体记忆传递的社会心理逻辑[J].南京师大学报(社会科学版),2020(5):69-79.

[2] 郭军,仇军,敬龙军.仪式体育的身体叙事解读——以傈僳族"爬刀杆"为个案[J].武汉体育学院学报,2017,51(8):20-26.

[3] 爱弥尔·涂尔干.宗教生活的基本形式[M].渠东,汲喆,译.北京:商务印书馆,2019:517.

[4] 郑宇.边界互动:族性塑造机制探析[J].北方民族大学学报,2020(5):64-71.

而形成一种我族与他族相互间的认同嵌入。可以说，延展符号边界是建构他族认同的生动体现。

　　节庆体育不仅为一个民族所独享，还可以成为多个民族皆可参与的"集体欢腾"。换言之，节庆体育不仅表征本民族所特有的文化符号，而且还为多民族符号融合提供了空间。所谓符号融合指多个民族间文化符号的互鉴与交融，因此，作为各民族交往、交流、交融的重要平台，节庆体育成为一个糅合着多民族情感诉求的场域，呈现出一套混融地方话语和交互的符号表达体系，不仅具有延展符号边界的作用，还推动着我族和他族指向更高层面上的"共同体"。

　　节庆体育文化符号的融合是以"阈限"的形式，来延展符号边界、建构他族认同的。所谓"阈限"就是一种反结构的"公共域"，即一种社会文化结构向待建立的社会文化结构过渡间的模棱两可的状态。简言之，这个空间不仅是多种文化杂合交融的，而且是一种模糊了族际间符号边界的过渡状态，呈现出开放包容的姿态吸引各民族的参与。如广西"三月三"的节庆体育大会就是一种"阈限"体验，是最能反映广西各世居民族之间交往状态的关键符号。在"三月三"节庆上，壮、汉、苗、瑶、侗、仫佬等世居民族齐聚在一起，共同参与抢花炮、抛绣球、铜鼓舞、芦笙舞等体育活动。在这个公共的互动仪式空间里，各民族延展族际间的符号边界，以求同存异的心态包容和吸纳他族的文化符号，感知族际间的文化共性。如在壮、苗、瑶、仫佬等民族中因盛行花婆信仰而形成具有区域特色的"花文化圈"。不同民族的成员置身在节庆体育热闹的场面中，会不自觉地感受到一种集体情感的共鸣，也会在交往交流中，重新建构起"自我"与"他者"的关系，在尊重差异、包容多样中实现多民族文化的和谐共生，增进多民族之间的交融与认同，从而把各民族紧密地联系在一起，获得一种更大范围的集体确证。维克多·特纳指出，"人们从阈限结构中被释放出来之后，仍然要回到结构之中，而他们所经历的交融，已经为此时的结构重新注入了活力"①。总之，节庆体育的显著之处正是通过营造一种多元文化符号融合的"阈限"氛围，使参与的民族不断延展符号边界，建构他族认同，并获得一种更大范围的"我们感"。

（三）符号共享：增进文化共性、建构国族认同的纽带

文化共性是指56个民族所具有的统一的、共同的文化本质。习近平总书记指出，"我们悠久的历史是各民族共同书写的，我们灿烂的文化是各民族共同创造的，我们伟大的精神是各民族共同培育的"②。中华民族作为一种象征性身份表述，其核心内涵就是一种文化共性，这种文化共性源于各民族共建共有共享的中华文化。文化共性是中华民族的底色，是增强中华民族凝聚力、建构国族认同的重要基础。

各民族经过广泛的交往、交流、交融，实现了族际间符号边界的延展与整合，体认到各民族共有的历史叙事、精神文化和前途命运。这也使得节庆体育不再仅仅是属于某一民族或某一地域的体育活动，而是成为各民族共同享有的体育活动。作为中华民族共有精神家园中的瑰宝，节庆体育文化符号凝结着中华优秀传统文化的精髓，其形塑的中华民族形象凝聚着各族人民的智慧与力量。各民族通过共享节庆体育文化符号及其形塑的中华民族形象，会从"我们是谁""他们是谁"的民族身份识别中跳脱出来，转向对"我们会成为谁"的共有民族身份的归属与认同。可以说，节庆体育文化符号的共享是增进文化共性、建构国族认同的精神纽带。

节庆体育文化符号的共享是以共同关注和情感连带的形式来增进文化共性、建构国族认同的。共同关注是以文化共性为基础的各民族共同关注的焦点。情感连带指各族人民分享共同的情绪或情感体验。兰德尔·柯林斯认为，"当人们开始越来越密切关注其共同的行动、更知道彼此的所作

---

① 维克多·特纳.仪式过程：结构与反结构[M].黄剑波,柳博赟,译.北京：中国人民大学出版社,2006.

② 习近平.在全国民族团结进步表彰大会上的讲话[M].北京：人民出版社,2019:6-8.

所感，也更了解彼此的意识时，他们就会更强烈地体验到其共享的情感"[①]。节庆体育所共享的文化符号和中华民族形象凝结着各民族共同的价值追求，成为各民族共同关注的焦点。在各民族强烈地意识到大家共同关注的焦点后，便会强化文化符号与情感符号的表达，形成情感连带，将各民族紧密团结在一起。例如，龙是中华民族的图腾与象征，各民族自古以来就以龙为傲，认为自己是人文意义上龙的传人。因此，每逢春节、元宵节、二月二等重要节日，各民族都会举行舞龙活动。舞龙作为各民族共享的节庆体育活动，虽然展演的形式多种多样，但龙崇拜的精神信仰却深埋在各族人民的集体记忆中。作为一个想象的符号，龙不仅象征着吉祥兴旺，更重要的是象征着中华民族发展的血脉。而舞龙则是建构在这种崇拜意识的基础上，传递着各民族同根同源一脉相承的文化基因，是中华民族共同记忆的凝结，也是维系中华民族团结统一的强大精神纽带。可以说，舞龙使各民族之间的符号边界延展至整个中华民族，成为各民族共同关注的焦点，且舞龙形塑的中华民族形象在族际间的情感交流中发挥着连带作用。通过舞龙，各民族不仅深化了自己是龙的传人这一共有记忆，而且强化了各族人民对中华民族的归属感和认同感，从而使各民族人心归聚、精神相依，铸牢中华民族共同体意识。总之，各民族可以通过树立和突出共享的节庆体育文化符号及其形象，来增进文化共性、建构国族认同。

第三节 民族传统体育提高团体凝聚力的践行向度

当今世界正处于大发展、大变革、大调整的"百年未有之大变局"，站在第二个"一百年"奋斗目标的起点上，实现中华民族伟大复兴中国梦需要全民族凝心聚力。民族传统体育作为中华优秀传统文化的重要组成部

[①] 兰德尔·柯林斯. 互动仪式链 [M]. 林聚任, 王鹏, 宋丽君, 译. 北京: 商务印书馆, 2019: 79.

分，其政治功能、经济功能、文化功能、社会功能为促进民族团结进步常态化机制提供了工具性支撑和有利抓手。提升团体凝聚力对于提高民族凝聚力、铸牢中华民族共同体意识、实现中华民族伟大复兴的中国梦具有十分重要的意义。但是，凝聚力的培养不可能一蹴而就，而是一个长期、艰辛的、复杂的过程。在现代性背景下，要重构民族传统体育的发展，单一地走竞技发展或保守传承道路显然是行不通的[①]，需要综合考虑环境因素、团体因素和人的因素。

一、优化环境

（一）培育良好的外部环境

影响体育团体凝聚力提高的宏观环境包括自然环境和社会环境，其中以社会环境因素对体育团队凝聚力的影响更为广泛和深刻。社会环境包括政治制度（政策、方针）、经济（经济发展水平和发展模式）、文化（教育）、科学技术（信息）等方面。虽然我国的体育外部环境得到了理顺与规范，但我国正处于社会转型时期，环境因素变化多样，加之环境对体育团队的影响是多维度的。因此，要构建与时俱进的、开放的、具有鲜明个性特征的体育外部环境，从制度保障、物质条件、价值取向和思想基础等方面，赋能民族传统体育提高团体凝聚力。

1. 政治环境

民族团结是我国各民族的生命线，各民族团结和谐，则国家兴亡、社会稳定、人民幸福。民族传统体育治理为提高团体凝聚力奠定了制度保障。党的十八届三中全会将推进国家治理体系和治理能力现代化作为全面

---

① 彭响，刘如，张继生.民族传统体育铸牢中华民族共同体意识研究[J].武汉体育学院学报，2020, 54 (2)：59-64.

深化改革的总目标，国家治理体系和治理能力是一个国家制度和制度执行能力的集中体现，推进国家治理体系和治理能力现代化能够为铸牢中华民族共同体意识奠定制度保障。社会治理、国家治理和政府治理是国家治理体系中的三个重要理念，而礼治、德治和法治则是国家治理体系中的三种具体手段，法治发挥的往往是外部规制作用，礼治与德治发挥的则是内部教化功能。

以社会主义精神文明建设为指导，高举中华民族大团结的旗帜，牢固树立正确的祖国观、民族观、文化观、历史观。以全民健身计划为实施手段培养节庆体育的人文基础。在少数民族地区将民族传统体育文化作为精神文明建设的内容纳入文化建设之中，借助全民健身计划组织调动人们参与传统体育的热情和积极性，为节庆体育的开发奠定群众基础。[①]

民族传统体育具有价值导向的秩序影响、道德示范的秩序规训、文化认同的秩序生成、关系调适的秩序再造、社会整合的秩序凝聚等功能，能够对礼治、德治发挥着很好的实践作用。例如，民俗体育活动仪式凭借共同的文化信仰，将村民紧密地聚合在一起，推进了村落共同体建设，也提高了村落共同体的凝聚力，进而为铸牢中华民族共同体意识培基。

加强对民族传统体育组织的建设与管理。民间体育组织是对民间体育活动进行组织、引导、指导、管理的社会团体，具有自主办理、自愿参与和公益性、群众性等特点。发展民间体育组织，有利于推动全民健身、增强人民体质，有利于推动竞技体育发展、建设体育强国。改革开放以来，我国民间体育组织得到长足发展，但也存在一些问题，如一些民间体育组织法治思维缺失、治理结构不健全、运行管理不规范，民间体育组织发展环境欠佳等。应完善体制机制、加强监督引导，促进民间体育组织健康发展。

规范民间体育组织架构。民间体育组织应坚持党的领导，由党组织管

---

① 陈文华，张兆龙，康厚良，等. 仪式性节庆体育市场化思考——基于旅游仪式理论[J]. 沈阳大学学报（社会科学版），2014，16（3）：308-312.

人才、干部和发展方向。会员大会是民间体育组织的权力机构,应定期召开会员大会,由其选举产生理事会;理事会在相关法律框架下,依照主管部门授权和章程规定行使权力,主持日常工作。理事会作为民间体育组织的执行机构,应设置若干内部机构,组织开展各项活动。凡是民间体育组织能够自主处理的事项应放手让其自主处理;对民间体育组织无力处理或难以处理的事项,主管部门应帮助处理。对于民间草根体育组织,民政和体育部门应加强联系、给予指导,逐步引导其走向正规,适时进行注册登记。完善体制机制加强监督引导,促进民间体育组织健康发展。[①]

引导民间体育组织健全运行机制。应确立民间体育组织在全民健身体系中的治理主体地位,坚持民间体育自主办理、自愿参与、自我服务和民主自律的原则。坚持民间体育组织依法运行,体育活动依规开展,体育组织内部事务依章程运作,全局性活动依据相关法律法规要求开展,努力做到放而不乱、管而不死,使民间体育及其组织既充满活力、又依法依规运行发展。引导民间体育组织适应社会转型发展的新形势,积极进行调整完善,利用市场机制拓宽资金来源渠道。

强化对民间体育组织的监督引导。民间体育组织应在民政部门和体育部门的指导下加强组织建设。一是选拔任用好管理人员,积极培养后备人才队伍。选拔任用的管理人员要有坚实的群众基础,应该是民间体育项目的行家里手。二是建立法制体系。从规矩到章程再到相关体育法规,应形成较为完整的体系,并严格遵守和执行。三是建立金字塔式治理结构。要贯通顶层和基层,不留空白和死角。四是健全民间体育项目举办机制。可以采取重大民间体育项目公办民间协助、一般项目民办公助、地区性项目自主办理政府指导等多种形式。加强相关政府部门对民间体育组织的宏观指导、引导、支持和监管,对重大事务进行有效监管,促使其规范健康发展。

---

① 冯晓丽.完善体制机制 加强监督引导 促进民间体育组织健康发展[N].人民日报,2015–12–01(07).

推动民间体育组织开展对外交流。加强对外交流是民间体育组织发展壮大的有效途径。相关管理部门应充分发挥职能作用，推动民间体育组织立足传统民间体育活动优势项目，积极开展对外交流。民间体育组织应坚持交流、借鉴、创新发展，借鉴各民族、各国优秀民间体育活动，丰富我国民间体育活动内容；对外宣传和推广我国民间传统优秀体育项目，推动传统民间体育走向世界。

2. 经济环境

当前我国社会主要矛盾已经发生转变，这种社会矛盾在不同的区域间及不同的民族间表现得尤为突出，而转化这种区域间及民族间发展的不平衡，唯有大力发展区域经济与民族经济，实现各地区与各民族经济的协调发展，从而尽可能地缓解社会主要矛盾。民族传统体育具有鲜明的地域性，不同的地区凭借不同的文化信仰孕育着形式多样的民族传统体育项目，这些具有鲜明地域特征的民族传统体育项目在产业化发展进程中也逐渐成为贡献区域经济增长、提高团体凝聚力和民族凝聚力的一个着力点。例如，流行于湖南省城步苗族自治县丹口镇下团村的吊龙舞，凭借古老而又智慧的舞龙方式，吊龙舞相继入选湖南省第二批省级非物质文化遗产与第三批国家级非物质文化遗产名录。持续不断的商业演出推动了地方经济发展，地方居民收入水平得到显著改善，极大地提高了当地居民的幸福感、获得感。加强对民族传统体育文化旅游的开发，通过经济搭台，文化唱戏，以"文"育"体"、以"体"兴"旅"的方式，提升旅游业的发展。促进民族地区志智双扶，推进共同体经济繁荣[1]，实现共同富裕。各地区、各民族人民的生活水平、经济收入实现了协同发展，民族传统体育产业也为提高团体凝聚力、铸牢中华民族共同体意识提供了物质条件。

体育旅游：就体育产业的属性而言，体育产业的价值取决于产业链的

---

[1] 管健,方航.铸牢中华民族共同体意识的结构面向与心理路径[J].西北民族研究,2020(4)：17–21.

延伸。体育本身可能更多的是事业和公益的属性，发展产业需要围绕体育产品和服务展开商业模式的设计。这种商业模式的设定，有的来自体育活动内部，如职业联赛、赛事门票、明星经纪、俱乐部经营等；有的则属于体育外部，也就是说外部关联业态可能本来不算是体育的，但结合了也算是体育产业的一部分，如旅游、会展、体育用品装备、影视、传媒、地产、教育培训、博彩等。以体育需求为导向，加强体育基础设施和体育公共服务体系建设，丰富人民群众的体育生活。

3. 社会文化环境

随着传统文化复兴上升为国家战略，全民健身事业发展上升到国家战略，以及民众体育需求的爆发式、多元化增长，民间传统体育组织作为传统文化传承、全民健身事业发展、民众多样需求满足的组织载体，其主体地位作用在提升，发展空间在拓展。但在社会快速转型发展过程中，孕育城市民间传统体育组织成长的土壤发生巨大变化，组织在传承与创新、封闭与开放、依附与独立等不同向度内摇摆，整体生存状况不容乐观。[①]

习近平总书记指出，铸牢中华民族共同体意识关键在于不断增强各族人民对伟大祖国、中华民族、中华文化、中国共产党、中国特色社会主义的认同。而构筑各民族共有精神家园培育的中华文化认同是最深层次的认同，也是实现"五个认同"的前提条件。中华文化认同指的是对中华各民族之间的共同文化的确认。增强中华文化认同能够为中华各族人民提供普遍认可的价值观念，进而为铸牢中华民族共同体意识指引价值取向。

民族传统体育内生于各族人民的日常生产和生活，与民俗节庆、民间礼仪、风俗习惯密切相关，它不仅是各族人民赖以生存的一种生活文化，更是一种精神文化，这种精神文化并非自身所内涵，而是各族人民在长期实践中所赋予的，如武术中所蕴藏的"天人合一"哲学思想和"尊师重道"

---

① 孟欢欢. 城市民间传统体育组织的生存状态与优化发展研究——以上海为例 [D]. 上海：上海体育学院，2019.

伦理思想。民族传统体育所承载的这种精神文化潜移默化地影响着各族人民的行为举止和价值观念，通过民族传统体育的参与和传承，各族人民加深了对本民族文化的价值认同，形成了中华民族共同认同的价值取向，而这种价值取向正是铸牢中华民族共同体意识所必需的先决条件。

民族传统体育中的节庆体育有着悠久的历史文化传统，是中华优秀传统文化的瑰宝，是提升团体凝聚力和铸牢中华民族共同体意识方面的重要载体。通过节庆体育培养文化产业，把发展节庆体育和地方经济发展结合起来，注重经济发展的同时，也要着眼于民族传统体育文化的传承与保护，实现两者互利、共同发展。[①]

增强节庆体育仪式感，充分展示各民族特色的文化符号

随着体育产业融合发展的深入推进，节庆体育业已向"体育+"发展模式转变。各地积极引导节庆体育与地方民族特色相结合，利用节庆体育的文化资源打造旅游景观和文创商品。这确实在一定程度上丰富了旅游业态，盘活了各民族传统的文化资源，带动了当地经济发展，但体旅融合也造成了节庆体育文化资源过度商业化及异化的现象。如节庆体育原本富有特色的仪式活动被一些商业化歌舞表演所替代，具有民族特色的文化符号被片段化展示甚至娱乐化运作[②]，导致节庆体育所蕴含的多样民族特色和传统文化黯然失色，不利于深化民族的集体记忆，以及身份认同意识。

首先，各民族应以民俗节日为媒介，适当复原节庆体育中的传统仪式，营造一种唤醒共同"过去"的仪式氛围。各民族可以利用传统民俗节日，以及本民族特色节日来举行节庆体育活动，发挥民俗节日的聚合作用；并按照本民族的风俗习惯和民间信仰，适当地还原传统的仪式空间，以及器物、饰物、图案、身体动作等文化符号，打造一个能追忆过去的"记忆之场"。

[①] 陈文华,张兆龙,康厚良,等.仪式性节庆体育市场化思考——基于旅游仪式理论[J].沈阳大学学报(社会科学版),2014,16(3):308–312.

[②] 王洪珅,韩玉姬,梁勤超.少数民族传统体育文化发展的生境困境与消弭路径[J].体育科学,2019,39(7):33–44.

如各民族可以在端午节举行龙舟竞渡之前，延续过去的传统，进行祭龙或祭祖仪式，营造一种传统的仪式氛围感，并通过庙宇、祠堂、龙头、上香、贡物等仪式空间和文化符号的展演，追忆自身的历史文化，深化民族的集体记忆，明确自身的身份认同。

其次，各民族应建构完整的视觉传达体系来充分展示本民族特色的节庆体育文化符号。各民族可以将本民族特有的文化符号融入节庆体育，通过动态的身体展演来表达本民族深层的集体记忆。各民族还可以利用文化生态空间，通过静态的方式来展示本民族特色的文化符号。这样不仅可以避免文化符号被片段化展示，还能深化各族成员共有的集体记忆和情感体验。如蒙古族那达慕大会上一望无际的大草原，以及随处可见的敖包、蒙古马、蒙古袍、牛角弓等符号要素，营造了一种自然环境与人文景观融为一体的"沉浸式"体验，不仅全方位展示和突出了蒙古族独特的节庆体育文化符号，而且强化了蒙古族的集体记忆与集体情感。

增强节庆体育参与感，促进族际间文化符号的交融互鉴

节庆体育作为各民族交往、交流、交融的大平台，其发展却囿于地域限制，未能加强民族与民族、地区与地区的交流合作。[①]因此，增强节庆体育的参与感，促进族际间文化符号的交融互鉴就显得尤为重要。增强节庆体育的参与感其实就是各民族通过节庆体育这个桥梁和平台，扩大族际间交往、交流的范围，加深族际间交融程度，并且打破节庆体育的参与边界，使各民族都能参与其中，在包容差异性和感知共同性中建构他族认同。

增强节庆体育时代感，增进各民族文化符号的共同性

各民族共享的节庆体育文化符号存在着"传统"与"现代"脱节的问题，同时也存在如何处理好文化符号共同性与差异性关系的问题。这给铸牢中华民族共同体意识带来了一定挑战。在各种社会思潮不断碰撞，不同

---

① 李鸿宜，韩重阳，姚蕾，等. 少数民族传统体育传承困境与发展对策 [J]. 体育文化导刊，2020 (5)：49–54.

思想文化交融交锋的今天，增进各民族之间文化符号的共同性，与时俱进升华文化符号内涵，是节庆体育的发展方向。因此，增强节庆体育的时代感，增进各民族文化符号的共同性，就是将节庆体育所蕴含的中华传统文化与中国特色社会主义文化相调和，就是创新各民族共有共享的文化符号和中华民族形象，让各民族之间"同"的成分越来越多，从而有助于铸牢中华民族共同体意识。然而我们也需要清醒意识到，增进"共同性"并不等于"同化论"，而是在尊重差异、包容多样中增进一致。

首先，各民族可以将社会主义核心价值观融入节庆体育文化符号，与时俱进升华符号内涵，增进各民族之间的文化共性。如 2022 年湖北宜昌举行的"屈原故里"中国龙舟争霸赛就是通过龙舟比赛缅怀屈原，弘扬屈原文化，将爱国忠贞、求索奋进的屈原精神注入节庆体育文化符号，镌刻在各民族儿女的精神血脉里，激励与凝系着中华民族大家庭。因此，升华节庆体育文化符号内涵，使其与时代同频共振，与社会主义核心价值观高度契合，是增进族际间文化共性，提高民族凝聚力、铸牢中华民族共同体意识的重要举措。

其次，各民族可以通过创新节庆体育文化符号及其形象的方式，增进各民族之间的文化共性。各民族可以通过挖掘中华优秀传统文化资源，提炼各民族共有的文化图案、场景、风物、色彩等元素，选取其中易于被理解和传播的部分，利用图像动态生成技术等手段，对传统的文化符号进行创造性转化和创新性发展，并融入新时代的价值观念、审美旨趣，形成传统文化意象与社会主义核心价值观相对接的新的 IP 形象。如 2019 年第十一届全国少数民族传统体育运动会的会徽就选择了各民族所共有共享的龙凤图案，其整体造型像汉字的"中"[1]，不仅增进了各民族文化共性，促进各民族在中华民族大家庭中像石榴籽一样紧紧拥抱在一起，而且充分

---

[1] 王兰. 铸牢中华民族共同体意识：基于全国民族运动会会徽和吉祥物的研究 [J]. 黑龙江民族丛刊, 2020 (6)：6–14.

展现了中华民族将人世情怀与新时代精神相连接的态度倾向和精神状态。

节庆体育作为中华优秀传统文化的重要组成部分，是一种以民俗节日为载体、依附民众生活并被其当作集体习惯的、具有固定程式的传统体育活动[1]，如每逢春节举行的舞龙舞狮活动，端午节举行的龙舟竞渡活动等。节庆体育深深根植于乡土社会，存储着丰富的文化符号，承载着深沉的集体记忆。[2]

文化是一个民族的魂魄，文化认同是民族团结的根脉。我国大散居、小聚居、交错杂居的民族人口分布格局不断深化，呈现出大流动、大融居的新特点。要顺应这种形势，构建互嵌式社会体育团体结构，促进各民族交往、交流、交融。推动民族传统体育文化的传承保护和创新交融，树立和突出各民族共享的中华文化符号和中华民族形象，增强各族群众对中华文化的认同。以社会主义核心价值观为引领，构建各民族共有精神家园。民族传统体育应采取包容性发展，不故步自封、不狭隘，而是坚持开放、包容。体育文化不是孤立的文化形态，而是与人类社会生活的方方面面都有着紧密结合的文化。"体育的发展不应该受一种模式的束缚，而外来的先进文化也只有以其深刻的文化内涵融入一个国家和民族百姓的生活中，才会生根、发芽，才会呈现它的个性、民族性和文化性"[3]。因此，在文化上要相互尊重、相互欣赏，相互学习、相互借鉴，各美其美，美人之美，美美与共，天下大同，进而铸牢人类命运共同体意识。

4. 科技环境

牢牢把握舆论主动权和主导权，让互联网成为构筑各民族共有精神家园、铸牢中华民族共同体意识的最大增量，科技赋能，天涯咫尺若比邻，

---

[1] 李琳琳. 藏族民俗体育文化的价值与传承研究 [J]. 体育文化导刊, 2020 (2)：16–23.

[2] 王炫力, 杨慧馨, 徐飞. 节庆体育铸牢中华民族共同体意识的实践逻辑与推进路径 [J]. 体育文化导刊, 2022 (8)：21–26, 64.

[3] 祝振军, 杨明. 客家传统文化对梅州"足球之乡"形成的影响 [J]. 体育文化导刊, 2007 (5)：91–93.

让文化具有穿透时空的影响力和感召力。通过广播、电影、电视、报刊等多种形式，广泛宣传马克思主义的民族观和党的民族政策，并运用多种形式进行爱国主义、集体主义、社会主义、共产主义和民族团结的宣传教育。

让互联网成为构筑各民族共有精神家园、铸牢中华民族共同体意识的最大增量。创新"互联网+"的"有形"宣传载体和形式，在抖音、各类官方公众号、微博等平台设置有关团体凝聚力的宣传主题，有的放矢地引导各族群众参与网络留言和线上互动，使各族群众在"面对面"与"键对键"的多位适应中交往、交流、交融；创设团体凝聚力的互联网宣传教育高地，打造团体凝聚力宣传教育的网络舆论纽带，提高对西方国家网络文化渗透的有效防范和处理能力，构建线上与线下、虚拟与现实相结合的宣传教育场域，使网络空间成为提升团体凝聚力的最大增量。各民族应充分利用互联网技术，来增强节庆体育的参与度，如节庆体育赛事直播、节庆体育虚拟体验等，让互联网成为推动各民族交往、交流、交融的最大增量。如 2022 年福建厦门举行的海峡两岸赛龙舟活动就是采用"线上+线下"的形式举办的。各族人民不仅可以"云"体验龙舟比赛的精彩刺激，以及闽台端午习俗，而且可以在直播平台上进行实时交流互动，共享节庆体育文化符号。这种"节庆体育+互联网"模式不仅可以打破地域限制，使各族人民能够"异地同享"多样的节庆体育活动，还能促进各民族文化符号的交融互鉴，有助于形塑他族认同。

中国武术是中华文化的重要组成部分，面对"大众传播时代的受众从传播客体逐渐转化为新媒体传播时代数字化、社交化、移动化的传播主体"的客观现实和技术变革催生的新媒体传播渠道，武术传播主体应主动作为，以"开放、包容、参与、互动"的传播理念，借助各类新媒体平台进行传播。可以将中国武术国家级和省级非物质文化遗产代表性传承人的技术动作视频（在保证视频知识产权属性安全前提下），剪辑成具有推广价值的系列短视频，以扩大不同拳种动作技术的普及度。还可以通过各类短视频平台，发起中华优秀传统文化相关话题，进行"全民创作"，使参与者"亲近中华优秀传统文化，增强文化自信，增进文化认同"。中国武术各拳种传播主体还可以借助网络会议软件等平台，把散落在世界各地的各拳种武术受众集聚在同一"朋友圈"内，共话、共商、共建"美美与共"的武术文化共同体。在全媒体时代，中国武术要善于利用形式各样的新媒体平台，更好地展示中国武术文化资源的多维面向——展现中国武术服务现实社会需求的亲和力，基于个性化需求精准定位武术传播目标受众，全方位、多层次、宽领域地呈现出中国武术文化与时代共振的价值引领力。这既是彰显"治未病"的健康功效，更是巩固武术传播主体话语权、增强中国武术核心竞争力和民族自豪感的重要举措，也是传递"和而不同"的文明价值理念，透显"民心相通"的人文交流合作效益的应然理路选择。[①]

文化既是民族的，也是世界的。在智媒时代积极利用互联网技术，实现民族传统体育文化产业的开发和融合，如在视频网站和社交平台上宣传民族传统体育，拓展民族传统体育的"文化空间"；深入挖掘民族传统体育的文化内涵，讲好中国故事，通过"我族认同—他族认同—国族认同—世界大同"，提高中华民族凝聚力的同时，助力更高层次、更高境界的人类命运共同体的构建。

（二）内部环境

培养体育团队凝聚力的微观环境包括学校体育、社会体育和竞技体育。

1. 学校体育环境

传承中华优秀传统文化是高等教育义不容辞的责任。教育活动本质上是思想的传递与延续，正因如此，建设新时代高校课程思政可以更好地发挥其传承中华优秀传统文化的重要功能，在不断挖掘运用中华优秀传统文化资源的同时，使中华优秀传统文化以更具创造性和创新性的方式焕发出

[①] 郭桂村. 借助媒体融合推动武术文化传播 [EB/OL]. [2020-10-20]. 中国社会科学网, https://author.baidu.com/home?from=bjh_article&app_id=1620793236762656, 2020-10-20.

全新的生命力，更好地实现绵绵用力、久久为功的文化传承。

"民族传统体育进校园"是发展民族传统体育的重要举措，具有弘扬民族文化、培育时代新人、铸牢中华民族共同体意识的价值。[①]体育类非遗资源是民族传统体育的重要内容，对大学生的民族凝聚力影响效果显著，主要对民族归属感、认同感和力量感三个维度产生影响。其中，练习、比赛等体育类因素对民族凝聚力各维度均具有显著的影响作用，增设非遗资源研究基地等官方举措对民族认同感具有显著的影响作用，仪式、服装等非认知因素对民族归属感具有显著的影响作用，大学生对官方举措的满意程度对官方举措和民族归属感的影响发挥调节效应。[②]

体育团体凝聚力是学校体育各级团体存在和发挥功能的重要条件，对团体成员的自我效能感、锻炼坚持性、学习投入和学习成绩等方面具有重要影响。培养团体凝聚力是高校思想政治教育的应有之义，应从民族传统体育课程建设、高校民族传统体育社团俱乐部创建和民族传统体育竞赛开展三条具身化路径进行改进，课堂内外"学、训、赛"一体化，帮助学生树立正确的国家观、民族观、历史观的同时，提升团体凝聚力。

民族传统体育具有"超越技能"的认识论价值，在传承中华优秀传统体育文化、弘扬中华体育精神及促进各民族交往、交流、交融方面具有显著作用，对于学校培养团体凝聚力、推进铸牢中华民族共同体意识教育具有重要意义。具身认知理论批判了"离身"特征的认识论，强调认知源于"身体体验"，重建了体育的认识论意义，阐释了体育认识论价值的实现机制。具身认知理论视域下，民族传统体育提升团体凝聚力、铸牢中华民族共同体意识的学校体育路径包括：以"参与性"为出发点，选择共享度高和实施性强的项目进校园；以"情境性"为切入点，打造身体感知和文化历史

---

① 马全祥. "民族传统体育进校园"的时代价值、现实困境与改进路径 [J]. 教育观察, 2022, 11 (11) : 63–65, 88.

② 冯海涛, 和振东, 李永平. 体育类"非遗"资源走进高校对大学生民族凝聚力影响的实证研究 [J]. 中国教育学刊, 2015 (S1) : 171–172.

结合的体育课；以"互动性"为着力点，构建平等对话和交流互鉴的学习共同体；以"生成性"为落脚点，树立技能表现与动态发展融合的评价观。[①]

学校体育课堂教学是提升团体凝聚力的主阵地。提高团体凝聚力是课程思政的重要内容，课堂教学是学校体育教育课程思政的重要阵地，应加快教学改革，突出民族传统体育的育人功能。注重校本文化，丰富民族传统体育内容；加强文化认同，铸牢中华民族共同体思想根基等方式铸牢学生中华民族共同体意识。[②]采用"自主—合作"教学模式。合作教学模式倡导者是美国的斯莱文博士，他将合作学习定义为："合作学习是指使学生在小组中从事学习活动，并依据他们整个小组的成绩获取奖励或认可的课堂教学技术。"新一轮的体育课程改革强调，要改变以往体育课程实施过于强调学生接受学习、机械训练的传统学习方式，倡导学生主动参与、乐于探究，培养学生搜集和处理信息的能力、获取新知识的能力、分析和解决问题的能力，以及交流与合作的能力。[③]民族传统体育不仅是运动方式，更是文化载体、教育手段。在舞龙、舞狮、竹竿舞、翻树叶等民族传统体育集体性项目的日常学习和训练中，不同民族的队员们会根据项目的规定而被分成相应人数的小组，比如2人、3人、4人或更多人一组，进行小组学习与训练，通过互相配合练习，培养团结协作的团队精神，实现提高团体凝聚力、铸牢中华民族共同体意识这一目标。在这个过程中，队员们相互鼓励、互帮互助，从中获得归属与爱、自我实现及自尊的满足，团队将会变得更加团结，也会在很大程度提升团队的"士气"，爆发出更大的力量去实现彼此的共同目标。

[①] 张云齐,郭立亚.民族传统体育铸牢中华民族共同体意识的学校体育具身化路径 [J].民族学刊,https://kns.cnki.net/kcms/detail/51.1731.c.20220629.1040.002.html.

[②] 彭响,刘如,张继生.民族传统体育铸牢中华民族共同体意识研究 [J].武汉体育学院学报,2020, 54 (2): 59–64.

[③] 邓万里,唐念."自主—合作"教学模式在排球普修课传球中的应用 [J].黔西南民族师范高等专科学校学报, 2010 (1): 79–82, 85.

民族传统体育课程应进一步丰富其文化内涵，教材内容除对运动项目本身进行介绍外，可对中华民族传统体育项目整体发展脉络进行梳理，从中体现56个民族的交往、交流、交融。在"和谐"思想指导下，教学过程追求"教"与"学"的和谐统一，因材施教，创设具身场域，润物无声，促使学生主动自觉地成长，使学生身心素质得到和谐发展，打造"和润课堂"。[①]

校园体育文化是提升团体凝聚力的重要环节要素。校园体育文化是校园文化的重要组成部分，对于有效发挥"体育育人"功能、培养学生综合素质具有很强的基础性作用。在传统文化"进校园"越来越受到高校重视的今天，中华优秀传统文化教育已经成为高校教育不可或缺的内容，将民族体育特色文化纳入校园体育文化当中，充分利用民族传统体育社团和俱乐部、高水平运动队，不仅能够进一步丰富校园体育文化，而且也能够促进校园体育文化的高质量发展和内涵式发展，有利于培养学生的文化素养和文化自信。从"互联网＋教育"的角度来看，高校在打造具有民族体育特色的校园体育文化方面仍然需要进一步加大力度，特别是要充分发挥"互联网＋教育"的作用，倾力打造多元化的校园体育文化平台和载体，丰富校园体育文化的内容和形式，倾力打造具有民族体育特色的校园体育文化，以此实现校园体育文化的育人功能，倾力培养学生文化素养和文化自信。[②]

首先，体育社团和俱乐部建设提升团体凝聚力。民族传统体育进校园已经取得一定成效，丰富了学生的校园文化生活。当代社会"众"的重要性毋庸置疑，没有一个人是一座"孤岛"。民族院校是各民族学生大聚居的家园，创建多民族学生共同参与的民族传统体育社团、俱乐部，举办体育文化节，通过团建、趣味运动会等喜闻乐见的形式，让不同民族的学生"走下网络、走出宿舍、走向操场"，在群众性课外体育锻炼活动过程中，增

[①] 姚莉．"和润课堂"的理解与实施——从具身认知的角度 [J]．教育研究与评论 (小学教育教学版)，2021 (2)：45-47.

[②] 探索互联网时代下具有民族体育特色的校园体育文化 [EB/OL]．光明网，https://m.gmw.cn/baijia/2022-08/22/35969972.html.

进了解、理解与认同，培养运动友谊，提高社交凝聚力，降低"群体性孤独"现象，实现体育治理、心理治理。

其次，校园体育赛事的举办提升团体凝聚力。积极举办各种比赛，创造适宜的外部压力，激发成员适宜的应激水平，提高任务凝聚力，可以培养和检验团体凝聚力。研究表明，团体成员充分参与的体育竞争活动有利于加强团体凝聚力和提高团体成员整体的社会化程度。竞争中使团体成员明确团体的目标和利益，有利于提高团体行为中团体成员的参与程度。充分参与的、良性的竞争对团体中"孤立者"的社会化程度有良好促进作用。[①]因此，学校要充分发挥民族传统体育的优势，积极组织开展班级、学院、学校内和学校间的各级各类民族传统体育赛事，不局限于少数民族学生参与，进一步拓宽参与人群，对促进项目发展、提高学生学习热情具有积极作用，提高团体的向心力和凝聚力。结合各地民族传统体育项目的特色，打造民族传统体育项目的品牌赛事；加强民族传统体育项目基地建设，大力培养民族传统体育人才。

铸牢中华民族共同体意识是当前高校课程思政的重要内容，而提高团体凝聚力是铸牢中华民族共同体意识的落地之举。今后应以"制度"为保障，优化育人体系；以"教学"为主线，夯实思想基础；以"教师"为主导，强化工作理念；以"学生"为主体，增强实践能力。[②]

在体育教学情境中，以主体、客体互融的角色生成认知，体育教学中的身体具有主体性、互动性、体验性的具身意蕴。基于现实体育教学实践的问题导向，通过树立"身体主体"的具身性教学理念，体悟"身体思维"的具身性教学方式，倡导"身体间性"的具身性教学方法。

在辨析具身认知理论生成进路的三个主题，即身体、情境、认知的基

---

① 王俊奇,陈建新.体育运动中充分参与的竞争对个体社会化程度及团体凝聚力的影响[J].北京体育师范学院学报,1998(4):68–75.

② 许丹,戚兴宇.铸牢中华民族共同体意识融入高校思想政治教育研究——价值意蕴、逻辑遵循与实践路径[J].湖北民族大学学报(哲学社会科学版),2022,40(6):150–158.

础上，现代武术教学呈现出生命性、具身性、身心统一性的具身意蕴。通过武术教学提升学生体质健康和社会适应力，掌握武术运动技能及培养健全人格，进而提高武术教学的质量。随着人们对现代武术教学认知思维、教学理念、教学方法及教学话语等方面的关注，具身认知理论将成为诠释、解决武术教学发展困惑中的重要参考。构建"情境化、动态化"的具身性武术认知思维：隐喻映射，类比教学，体育运动生活化。①

2. 社会体育环境

全民健身是全体人民增强体魄、健康生活的基础和保障，随着"全民健身""健康中国"上升为国家战略，体育成为人民群众的"刚需"，通过运动塑造健康体魄成为大家不约而同的选择。②民族传统体育在全民健身领域占有一席之地，是各民族间沟通交流的重要传播载体，在维系各民族团结稳定、相互交融的过程中担任重要角色。尤其是在部分群体内的民族传统体育发展历史悠久、根基深厚，借由民族传统体育以体育运动为媒介，身体符号的形式更易于打破民族壁垒，在潜移默化中构建国家认同，建立起"民族国家"的概念，致力于弘扬民族传统体育本色，凸显国家象征符号。

"他山之石可以攻玉。"在社会体育中，民族传统体育与西方现代体育中西合璧，包容性发展成为一种普遍现象。贵州榕江"村超"就是一个典型的成功范例。"村超"以球会友，增进省内外各民族的交往。吸引八方宾客，千里之遥的广东佛山南海区高举着"南海—榕江一家亲"的横幅组团助阵，既显示了"南海—榕江"民族团结一家亲的深厚情谊，更是为"黎、从、榕"打造融入粤港澳大湾区、加快"桥头堡"建设增

---

① 张继生,周惠新,谭腾飞.身体、情境、认知：武术教学的具身性及其哲学探索[J].武汉体育学院学报,2017,51(1)：67-71.

② 《焦点访谈》20220810 全民健身 让体育成为"刚需"[N].央视网,https://tv.cctv.com/2022/08/10/VIDEvbWo6tt70xMc3b8N31U6220810.shtml.

添了信心和力量。这不仅仅是足球的盛会,更是各民族同胞牵手大团结的盛宴。"村超"以球促赛,促进各民族的交流发展。赛前和赛中有精彩的文艺及民族文化的表演,舞动稻草龙的是百十名车江三宝侗族妇女,呈现了各族群众紧密团结、奋发向上的精神风貌。四十八寨侗乡妇女服饰展演,兴华摆贝苗族芦笙歌舞队,以及跟在其身后的几十名身穿"百鸟衣"的男女苗族同胞闪亮登场,这"百鸟衣"享有"穿在身上的诗史""民族服饰殿堂里的活化石"的美誉。榕江这次"村超"赛事,意想不到地远远超出了足球赛的本身,简直就是一场非物质文化遗产的盛宴展示。看榕江"村超",不只是足球,而是民族团结大狂欢。"村超"与球结缘,促进各族群众的交融。场上赛事精彩纷呈,场下以文艺和美食及爱心助力"村超",为"村超"增添了浓浓的乡土气息。啦啦队为村子的荣耀而战、为团队而战的精气神,团结凝聚力特别让人振奋。群众沉浸在一片欢腾和谐团结的氛围之中。①

图 4.1 贵州"村超"期间的民族传统体育文化展演

搭建民族节庆平台机制,促进群众精神文化交流。运动是积极健康的生活方式,依托民族节庆文化资源,培塑民族节庆活动品牌,构建"一县一节庆、一月一活动"机制,搭建群众精神文化交流平台,有效推进群众精神文化共享交流。像黔东南地区培塑"四月八"芦笙乐舞、端午节赛龙舟、

---

① 贵州"村超"与民族团结的深度融合[EB/OL]. [2023-06-15]. 搜狐, http://society.sohu.com/a/685699728_121124806.

水龙文化节等民族节庆活动,线上、线下持续引流10万余人群众,进一步丰富各族群众节日文化生活。体育团体应多参加各种体育文化节,形塑各民族非竞争性和非排他性的群际关系,培育共同体意识,浸润民族文化交融;涵化共同体记忆基础,增强共同体文化内涵。[①]

3. 竞技体育环境

国内外不同级别的赛事(如体育课上小组之间、班级之间,校内不同学院之间、校际之间,以及省级民运会和全国民运会、大运会等)是增强团体凝聚力和归属感的重要途径。

在国内,民族传统体育赛事为提高团体凝聚力、铸牢中华民族共同体意识夯实思想基础。中国是一个有着悠久历史与丰富体育文化遗产的伟大国家,距今六千年左右,体育文明元素就出现在我国的史前文化中。民族传统体育是中华民族在长久的社会历史发展中,通过特有的身体实践所创造的反映中华民族生活方式、宗教信仰、价值取向的原生性文化,是中华民族共同价值观念的集体映射。数千年的文化沉淀与智慧积累形成了当前享誉世界的中华民族传统体育,民族传统体育不仅以文化的形式滋养着中华民族儿女,同时也以体育活动的形式丰富着人们的日常生活。1981年,国务院正式批准召开全国少数民族传统体育运动会,每四年举办一届。丰富的民族传统体育项目形成了多元赛事体系,通过民族传统体育赛事,中华各族儿女齐聚一堂共同参与竞技,实现了精神上的交往、交流、交融。习近平总书记指出,要加强民族交往、交流、交融,推动建立民族互嵌式社会环境和社区环境。事实上,民族互嵌式社会环境和社区环境建立的就是这样一种"你中有我,我中有你"的社会环境,而这正是提高团体凝聚力、铸牢中华民族共同体意识的隐喻表征。

我国多级民族运动会是民族传统体育文化交流互鉴和传承的平台,

---

① 管健,方航. 铸牢中华民族共同体意识的结构面向与心理路径 [J]. 西北民族研究, 2020 (4): 17-21.

是民族团结的盛会，进一步增进各民族相互理解、尊重、包容、欣赏、学习、帮助，像石榴籽一样紧紧抱在一起。各民族积极参加少数民族传统体育运动会，充分利用三级民运会平台，搭建民族沟通的桥梁，以赛促融、以赛促情，增进各民族之间的友好往来及文化上的交流互鉴。各民族之间也可以积极开展节庆体育比赛，如2021年云南丽江举办了少数民族传统体育锦标赛，不仅展现了云南各民族的传统文化魅力，而且促进了云南各民族间的互动往来和包容互鉴。这些体育赛事能使节庆体育从日常生活走向更广阔的平台，不再局限于本民族、本地区，而是成为各民族皆可参与的"集体欢腾"，以体为媒，共同参与，公平竞争，成为促进各民族交往、交流、交融及民族团结的重要纽带。体育赛事将成员因任务而聚合到一起，任务凝聚力可以作为团体效能的预测指标。教练员总是会采用赛前动员会、赛前特别的仪式、赛前共同进餐等方法来鼓舞队员的团队精神。

民运会具备符合主流意识形态的价值目标性、规模不断扩大的广泛参与性、文化改革创新的发展融合性和共同传承民族记忆的团结进步性。通过以政治价值传承为根本、经济价值传承为方向、文化价值传承为核心、体育价值传承为基础，传承全国民族运动会价值，促进持续汇聚民族团结正能量，对实现中华民族伟大复兴具有重要意义。[1]

在国际，体育是文化的重要组成部分，也是展示一个国家文化特色、民族性格和精神面貌的重要窗口。不同国家的传统优势项目也各有特点。诸如武术、空手道、跆拳道，这些比赛项目则很容易让人联想到中日韩三国不同的文化特质。从这个意义上说，运动健儿参加亚运会、大学生夏季运动会、奥运会等大型体育赛事，也是向世界展示本民族文化的良好契机。当前，体育全球化超越国界，打破地域环境壁垒与民族壁垒，使西方体育

---

[1] 张振东，聂世轩，李国立，等. 汇聚民族团结正能量：全国民族运动会社会价值及其传承研究[J]. 体育学刊，2021，28(4)：22-27.

以十分明显的优势席卷世界各地,不断挤压并消解体育的民族特性,将民族传统体育置于边缘化的困境。因此,充分利用大型赛事的开幕式及比赛期间的文化展演,保护、展示并复兴传统体育,是增强民族归属感、加强民族凝聚力与吸引力的重要举措。在广州亚运会上,气功、武术、舞龙、舞狮等中华民族传统体育的集中展示,对唤醒海内外华人的中国意识、增强中华民族的感召力与凝聚力起到了非常重要的作用。[1]

奥林匹克精神和人类命运共同体理念在本质上是一致的。2022年,国际奥委会将"更团结"加入奥林匹克格言,旨在通过体育鼓励全球更加团结。"更高、更快、更强、更团结"的奥林匹克格言深刻阐释了奥林匹克精神的时代特征,要紧紧抓住"一起向未来"这句极具和合精神与时代价值的主题口号,讲述好团结、友爱、互助的感人故事,弘扬冬奥期间汇聚起的团结与合作之光,向世界阐释和宣扬中华民族"天下大同""美美与共"的价值追求与美好愿望。新格言是全球意识形态极化下,奥林匹克运动自身发展的需要与新冠肺炎疫情造成世界割裂的特殊背景下逐步形成的,是奥林匹克运动在百年历史不断发展过程中的传承与展望,是塑造人类命运共同体的独特价值需求。奥林匹克新格言与人类命运共同体理念在源头思想、文化价值、目标结果等方面有很多理论上的契合。[2] 奥林匹克的休战传统提供了一个实现包容与和解的极其宝贵的机会,可以使人们跨越边界和政治信念,不分种族或宗教信仰地走到一起,为实现更持久的和平打开一扇门。在2000年悉尼奥运会开幕式上,朝鲜与韩国同举朝鲜半岛旗帜携手入场,使当时朝鲜半岛的紧张局势因奥运会得到了暂时的缓和。

---

[1] 黄莉,谢斯.从亚运会开幕式探寻亚洲民族文化特色[C].临沂:2010年体育文化研究基地工作会暨"传统文化与体育强国建设"论坛,2010.

[2] 李宁,任振朋,王润斌.人类命运共同体视域下奥林匹克新格言的时代价值[J].南京体育学院学报(社会科学版),2021,35(6):91-98.

二、团体因素

（一）团体规模

团体规模影响团体绩效。在体育教学、运动训练中，教师应将学生分为规模适当的小组，要求学生完成分配的任务，并分别对他们的努力和进步进行评估和鼓励，这样的方法可以强化团队的士气和凝聚力，提高活动的效率。[①]

（二）团体目标

制定团体目标，明确目标和愿景，可以提高任务凝聚力。共同愿景是驱动团体整体前行、实现团体目标的动力，是团体的共同愿望和远景规划。借鉴查尔斯·斯奈德（Charles Snyder）的观点，共同愿景可看作团体的一种积极动机状态，其以自主性（目标导向的能量）和路径（计划达成）交互驱动的成功体验为基础，是团队成员共同设定的美好蓝图。通过建立科学明确的目标来吸引团队成员，在实现共同的目标的过程中，使大家的思想感情和行为取得一致，团结在一起。

1. 明确团队目标，统筹个人目标与团队目标有效整合

一般情况下，团队成员的行为目标与球队的目标并不完全一致。作为教练员，要把实现球队目标与满足队员的需要统一起来。[②]通过目标整合，处理好个人目标与团体目标的关系，坚持团体目标和个人目标统一起来。核心是协同合作，最高境界是全体成员的向心力、凝聚力，形塑运动团队

[①] 张云齐,郭立亚.民族传统体育铸牢中华民族共同体意识的学校体育具身化路径[J].民族学刊,2022(5):100–107,141.

[②] 黄世光.排球运动中现代团队凝聚力的培养研究[J].广州体育学院学报,2010,30(3):118–120,128.

中共同的情怀志向和集体主义精神取向。当个体目标与团体目标不一致时，为了达到团体整体长远目标的最优化和最大化，必须在不同程度上抑制或牺牲某些团体成员某些作用的发挥，甚至以牺牲某些成员为代价，进而保证组织的高效率运转。促进团体与个体、大我和小我共同发展。

团体成员主体意识的觉醒要求高效地开展规划和协调，看到团体发展方向，能够去"私"为"公"，弱化差序格局下的族属身份，强化公民身份，发挥长远性集体目标导向的能量。弥合以"己"为中心的个人愿景与集体愿景间的差序。

对远景目标的讲解，可以重塑团体成员的精神世界，更新其原有的思维方式、价值观念等，进而调动成员将自身目标与共同愿景相结合，树立集体一致的共享信念，不仅仅从"己"出发树立价值观念，而是从整个团体的远景发展来贡献力量。

2. 科学制定适宜的团队目标和任务

遵循SMART目标管理五大原则，制定明确具体的（Specific）、可测量的（Measurable）、可达成的（Attainable）、相关的（Relevant）、有时限性的（Time-based）目标。

具体原则是指目标必须明确、具体，而不是模糊、抽象的。制定一些假、大、空的目标没有任何的现实意义，还可能给团体成员带来挫败感。

可测量原则是指目标必须可以被量化或至少可以衡量。

可达成原则是指目标必须是可以实现的。设定不切实际的目标可能会让团体成员感到沮丧和失望，反而影响他们的工作积极性。可达成的目标是团体成员可以在合理的时间内实现的目标，需要充分考虑团体成员的性别、能力和训练环境等，目标必须是运动员可控的、可实现的和有价值的，才能对运动队起到良性的效果。否则就如伯格斯指出的那样，当环境条件发生改变后，若运动员不能适时地调整自己，目标就会对其产生副作用，导致其更加焦虑和紧张。目标难度要适中，是运动员通过努力能够达到的，应当先易后难，循序渐进；近期目标与长期目标相结合。① 要想通过目标来增强团队的凝聚力，不仅需要目标制定得适宜，同时还需要运动员充分意识到目标的社会价值和个人价值，使之朝着目标共同奋进。一旦目标得以实现，会极大地增加团队的凝聚力水平，运动队的整体实力也会在目标的实现过程中得以提高。目标还要适时地具有挑战性，促使团队的凝聚力达到空前的一致。②

相关性原则是指目标必须与组织的战略和业务目标相关。设定与组织目标无关的目标可能会浪费时间和资源，而不会对组织的整体目标做出贡献。相关性原则确保了员工的目标与组织的目标一致，从而提高了组织的效率和效果。

时限性原则是指目标必须具有明确的截止日期。这可以帮助员工更好地管理他们的时间，并确保他们在规定的时间内完成任务。

与此同时，大家认可的团体目标才具有社会意义。团体成员明确个人及团队的目标与任务，这样才能够实现提升团队凝聚力的目标。团体成员需要充分意识到目标的社会价值和个人价值，使之朝着目标共同奋进。

（三）团体规范

俗话说，"家有家规，国有国法"，没有规矩不成方圆，建立良好的团体规范是任何团体可持续发展的前提。组织管理是一个队伍发展的指向灯，在团队的发展中指引着前进的方向，团体规范一般表现为班规班纪、校规校纪等规章制度，规章制度的健全与完善是队伍训练、竞赛正常开展的保障。优秀运动队从训练、竞赛、奖励等要求制定得详尽而具体，纪律严明、作风严谨，这就需要规章制度的约束，否则，队纪不严，队风不正，处于松松垮垮的状态，团队根本无凝聚力可言。通过建立公平、公正、公

---

① 孙有平. 试论集体项目运动队的凝聚力 [J]. 沈阳体育学院学报, 1997 (1): 10–12.
② 陈泳炎, 黄晨晖. 影响团队凝聚力的因素和培养方法 [J]. 当代体育科技, 2015 (22): 43–44.

开的团体规范，形成约束成员的准则，这样团体就有了统一的行动规则，也有了方向和基本的认知。团体成员将团体规范外化于行、内化于心，可以保障团队有序发展，提升向心力，避免离心力的消解作用，否则团队就容易一盘散沙。

完善奖罚激励机制。俗话说，"一粒老鼠屎，坏了一锅汤"。对于团体中个别捣乱分子或分裂分子，团体领导和教练员乃至团体成员要及时发现，并给予批评和纠正，避免因为某一个人的不良行为而损害了整体的利益。奖励措施等是合理化、规范化的前提。研究证明，集体对个人奖罚严明，同时采用个人与集体相结合的奖励方式，更有利于增强集体凝聚力水平。运动队获得优异成绩时，领导机构给予团队精神或者物质上的奖励是队员们继续努力的动力。对运动队实施合理的奖励措施，是维系运动队正常运转和健康发展的必要条件之一，也是对运动员努力的肯定和激励。

体育教学中，常常以班级作为一个团体，这样的团体与运动队不一样，班级中的每一位同学并不需要与班集体签订合约，同学之间也很少相互承诺什么。因此，体育教师要使学生明确他们在体育活动中应该扮演的角色和达到的要求，增强对完成活动任务的责任心，从而加强班集体的凝聚力与团结。

制定和完善体育院校团体行为规范和组织制度，主要包括几个方面：各类人员守则、训练及比赛制度、生活管理制度和其他制度。[①] 团体规范是团体所有运动员和教练员共同遵守的行为标准。规范意识一旦建立，团体就更容易将成员的行动整合为相对统一的行为模式，表现出高度的组织性和纪律性的精神风貌。因此，团体规范意识是体育团体形成强大凝聚力的重要环节。

从细节入手，养成良好的团队行为习惯。领队和工作人员要注意规范

---

① 顾小叶.中国国家游泳队团队文化的研究[D].北京：北京体育大学，2012.

习惯的培养，教练员和管理人员需要以身作则，发挥模范人物的示范作用，充分发挥明星队员的感染力和号召力，起到振奋精神、团结、凝聚队伍的作用。

（四）团体氛围

在整个团体中营造一种积极、融洽、和谐的氛围，创造一种团队成员间可以互相信任、互相支持、彼此协作的工作环境，使成员在团队中开心愉快，有助于提高团体凝聚力。教练员要善于营造积极的训练氛围。研究发现，当运动员表现良好后，教练员提供积极反馈；运动员表现失误后，教练员提出纠正指导和鼓励等行为，运动员会有较为积极的反应；运动员对那些没有注意到或者没有鼓励良好的运动表现、批评运动员失误或在运动员表现错误后以批评的方式提供指导的教练会做出不利的反应。[①]

（五）团体的稳定性

团体结构的稳定性是一个团队持续前进的前提。保障体育团队的稳定性，增进队员之间的互动。由于各种原因，每个团队都会存在人员流动，过于频繁的人员流动不利于团体的稳定。在这种情况下，教练员应重点抓两件事：一是重视老队员对待新队员的态度与仪式感；二是频繁地开展团队活动，加强队员间的了解。经常开展团队活动，如远足、拓展等，可以增强新老队员间的相互了解。[②] 老队员也要充分发挥自己的经验，主动担当起一部分责任，以热情、真诚的方式让新人感觉到自己在团体里受欢迎，是群体的一部分。

[①] Burton D, Raedeke T D. Sport Psychology for Coaches [M]. Champaign IL: Human Kionetics Publishers Science & Coaching, 2008.

[②] 刘兵. 论教练员在集体运动项目团队建设中的作用 [J]. 中国体育教练员, 2018, 26 (1): 3-4, 7.

（六）团体的人际关系

相互信任和认同是团体凝聚力的重要因素。只有当团体成员之间存在相互信任和认同时，才能建立良好的互动关系，增强团体凝聚力。这种信任和认同可以建立在共同的经历、互相的支持和帮助等方面的基础上。有凝聚力的、高效的团队成员必须学会如何去相信自己和队友，相信自己的团队，相信我们能够把事情做好。可以通过增加团体成员之间的互动，加深彼此的信任，促进团队成员之间的协调配合，减少团队冲突，培养团队意识和凝聚力。[①]一方面，要避免形成社交小圈子。如在旅途中改变室友分配并鼓励团队运作，预防小圈子的形成。另一方面，要积极开展形式多样、内容丰富的文化娱乐活动，并充分发挥多种文化载体在育人方面的综合效应，营造团结、互信的环境[②]，增强团体凝聚力。

在排球这样的集体项目中，需要运动员之间密切配合才能发挥出最强的战斗力，主攻、副攻、二传、接应、自由人各有各的赛场定位，分工明确并制定有针对性的训练方案。虽然各个运动员具有不同的业务素质，但最终目的是在分工的基础上团结协作，发挥出团队最强的战斗力。这要求每个队员能够自觉地把集体荣誉和集体利益置于个人利益之上，队员和教练之间、赛场上的主力队员和候场的替补队员之间，能够保持高度的默契和良好的协作关系。

另外，团体领导应培育团体成员的兴趣、价值观等方面的同质性和相似性，求同存异；团体成员应保持开放、包容的心态，以人为镜，取长补短，彼此互补。团体成员之间还应该互相帮助，不要自私自利，团体成员团结合作才能让团体获得更好的表现。

在体育课外活动中，学生们经常组成一个个非正式的、参加各种运动

---

① 王娇. 体育团队中信任对团队冲突影响的实证研究——以沈阳体育学院板球队为例[D]. 沈阳: 沈阳体育学院, 2013.

② 孙月霞. 要重视运动团队文化力的开发[J]. 中国体育科技, 2000 (A10): 1-3.

项目的体育活动团体，体育团体的管理者和教师不仅要正视这些团体的存在和发展，还要像对待学校运动队一样予以关心和理解。培育良好的师生关系，使团体成员信服和尊敬，对其产生很大的吸引力，使他们"亲其师，信其道"，无形中起到了"聚合""归拢""吸纳"的作用，增加他们的归属感和向心力。通过深入调查，认真分析这些组织的活动特征，从而为全面有效地调控和引导这些学生自发组织的体育团体打下基础。

（七）团体的外部压力和内部竞争

共同面临的挑战和危机也是影响团体凝聚力的因素之一。当团体成员面临共同的挑战和危机时，他们往往会团结在一起，共同应对。这种共同应对的过程可以增强团体成员之间的相互信任和认同，从而增强团体凝聚力。

团队领导和教练员应提升解决矛盾冲突的能力，降低内耗对团体凝聚力的消解。在体育团体中，每个成员为了自身利益常会发生竞争。教练员在面临矛盾和冲突时，不仅要理性解决，也要努力提高团队解决内部矛盾和冲突的能力，这也是直接提升团队凝聚力的一种途径。例如，完善内部的奖惩激励机制，定期召开团体会议，使得团队成员诚实、公开和有建设性地表达积极的和消极的感受。①

（八）团体文化建设

文化凝聚力主要指的是一个团体的价值观，即团体在日常学习、工作、运动训练或比赛中所遵循的基本信念和履行的目标，是团队成员或大部分成员所共同认可的关于团队意义的判断。注重体育团体文化建设，保障团体思想和意志凝聚力。树立团队精神，确立团队信念。团队精神是指团体成员对所属团体所具有的"归属感"和团体成员之间的"休戚相关"感，

---

① 温伯格, 古尔德. 体育与训练心理学: 第六版 [M]. 谢军, 梁自明, 译. 北京: 中国轻工业出版社, 2016: 216-218.

是一个团队为了实现目标，在运行和发展过程中所形成的特有的群体意识和行为风貌的总和。① 确立团队核心价值观，习近平总书记指出："对一个民族、一个国家来说，最持久、最深层的力量，是全社会共同认可的核心价值观。"② 爱国主义、集体主义思想是构成体育团队精神价值层面的主导思想，也是培养团体凝聚力的有力黏合剂。信念的确立有利于提高运动员的文化素养，形成完整独立的人格，调动成员的积极性，增强团队的凝聚力，从而提高运动团队的综合制胜力。③

体育精神是体育团体凝聚力的灵魂，女排精神是以爱国主义为核心的民族精神的集中体现，是社会主义核心价值观的鲜明彰显。我国的女排精神很好地诠释了"为国争光、无私奉献、团结友好、坚强拼搏"的中华体育精神。④ 高举爱国主义伟大旗帜，团结协作，发扬顽强拼搏和永不言败的奋斗精神，将体育精神融入团队文化建设中。

图 4.2　中国女排队员在 2019 年女排世界杯比赛中庆祝得分（新华社发）

---

① 刘一民. 论体育团队精神 [J]. 体育科学, 2003, 23 (3): 58-63.
② 中共中央宣传部. 习近平总书记系列重要讲话读本 [M]. 北京: 学习出版社、人民出版社, 2016: 57.
③ 刘一民, 王健. 略论体育运动团队文化 [J]. 首都体育学院学报, 2001, 13 (1): 28-33, 60.
④ 团结协作——二论大力弘扬新时代女排精神 [EB/OL]. 光明日报, 2020-12-16 (06).

2021年7月23日，新的奥林匹克格言"更快、更高、更强、更团结"在东京夏季奥运会正式全面启用。"更快、更高、更强"让奥运偏向技术性的竞赛，那么"更团结"就是给这一国际赛事抹上了一层人文的色彩。2021年的北京冬奥会、冬残奥会主题口号——"一起向未来"何止是一种体育精神，"一起"展现了人类在面对困境时团结一心的坚强姿态，指明了战胜困难、开创未来的成功之道；"向未来"表达了人类对美好明天的憧憬，传递了信心和希望。"一起向未来"是态度，是倡议，更是行动方案，倡导追求团结、和平、进步、包容的共同目标，是更快、更高、更强、更团结奥林匹克精神的中国宣扬，表达了世界需要携手走向美好未来的共同愿望。"一起向未来"需要我，需要你，需要每一位青年人的积极参与；"一起向未来"是口号，更是态度，也是与民共同担当的铿锵宣言。

团结并非是凭空产生的，而是以真实具体的实践为依托；共识也并非是天然存在的，而是以广泛深度的协商为基础。面对当下国内外的各种风险挑战，我们比以往任何时候都更需要通过协商凝聚共识。

体育团体的领导者和教练员需要采用喜闻乐见的方法，培养集体主义精神，培育体育精神，提高团体凝聚力。例如，学唱《团结就是力量》《学习雷锋好榜样》等弘扬集体主义精神的歌曲，其中的歌词"学习雷锋好榜样，艰苦朴素永不忘。愿做革命的螺丝钉，集体主义思想放光芒！"，曲调朴素热情，音乐形象简明生动，词曲结合自然流畅，具有鲜明的时代价值。

（九）团体的运动项目

研究表明，同步共动项目可能会影响虚拟交互后的信任。[1]根据各地的资源优势，开展摆手舞、巴山舞、龙舟、舞龙舞狮、板鞋竞速、潜江草把龙等集体性民族传统体育项目的教学、训练和比赛，引导兴趣班、俱乐部、

---

[1] Launay J, Dean R T, Bailes F. Synchronization Can Influence Trust Following Virtual Interaction [J]. Experimental Psychology, 2013, 60 (1): 53-63.

社团等体育团体充分利用集体训练和集体仪式参与，增进团体成员之间的交往、交流和交融，增进友情；同时，促进这些项目的开发利用和活态传承，推动优秀传统体育文化的创造性转化和创新性发展。

图 4.3　苗族竹竿舞

三、人的因素

（一）领导因素

经典老歌《大海航行靠舵手》启示我们，团体领导是影响团体发展的重要因素。

1. 领导方式与决策风格

在领导方式上，要改变传统的说教式管理方法，采用"民主＋适度专制"的领导方式。团体内部的教练组应该加强人员协作，多听取成员的意见，注重多激励、少批评。体育教师可以采取多种措施对学生自发体育群体的成员进行激励、指导和考核，保证他们履行自己的职责，促进这类团体的凝聚力发展，从而提高团体成员参加活动的坚持性。体育管理者可以对学生自发的体育团体本身进行调控，对组织的活动和工作进行具体的指导，不断检查调控活动的情况，发现偏差及时纠正。

发挥团体领导与核心成员的作用，用核心凝聚。团体领导应身体力行，通过自身的表率作用，成为团队的核心，起到吸引成员、形成内聚力的作用。

决策风格是指教练相对稳定的决策态度、习惯、方式、方法等的综合反映。教练员要因材施教，根据团体成员的特点采用适宜的、相对稳定的决策风格，使其熟悉、适应并迅速融入团体，这样团体就会形成强大的向心力，避免个别成员因排斥而游离于团体之外，影响团队凝聚力的形成。

2. 注重强化教练员综合执教素养

作为体育团体的核心人物，教练员需定期参加常态化培训，提高领导者的领导能力、专业水平和人格魅力。领导者的讲话不能用含糊其辞的说法来掩盖问题，应该言简意赅，让大家都能理解和支持。[①] 教练员的专业水平也同等重要，他们需要在实践中摸索经验，因材施教，对运动员的训练方式给予正确的指导，有利于提升团体成员的运动水平和自信心。

体育团体凝聚力的培养具有明显的具身认知性意蕴。在体育运动教学和训练过程中，教师或教练应明晰体育团体凝聚力具身认知的内在逻辑，树立以身体为主体的教学理念，创造具身认知思维的体育教学过程，营造积极身体生成的体育教学情境，将具身认知的科学理念与体育教学实践相结合，有效促进学生团体凝聚力的形成和发展。[②]

（二）团体成员因素

团体凝聚力要求团体成员对团体的有关问题采取共同的态度。态度的

[①] 殷飞, 韩孟孟, 许健. 高校高水平运动队群体凝聚力主因子及对策研究——以南京高校高水平运动队为例 [J]. 西安体育学院学报, 2016, 33 (6): 744–752.

[②] 姜勇, 马晶, 赵洪波. 基于具身认知的体育与健康学科核心素养意蕴与培养路径 [J]. 体育学刊, 2019, 26 (4): 88–93.

改变是渐进的，认知、情感、行为是形成态度的三驾马车，将团体凝聚力深植于内心、外化于行动：知之愈明，则行之愈笃；行之愈笃，则知之益明。

1. 认知

人的认知乃至整个心智都是其身体和环境动态相互作用的结果。由于身体与环境的相互作用是不间断的、连续的，因而认知乃至整个心智也是不间断、连续的，既在身体与环境连续动态的相互作用中形成与发展，又通过身体与环境的动态的相互作用来表现或展现。具身认知科学的交互作用观强调心智是其本身、环境、身体三方相互作用的结果，对心智或认知的理解或解释只有依靠机体和环境的相互作用。[1]

中国传统哲学高度重视物质和精神的关系，强调"形具神生""形质神用"。这要求团体应善于采取灵活多样、群众喜闻乐见的形式加强宣传教育。同时，应创造情境，促进团体成员的团体认同和角色认同。

团体成员的团体认同

团体规范是指某一群体成员所共同遵循的行为准则，是维持群体运转秩序正常的一系列共识。提高团体成员对团体规范的认同度需要做到以下几点。

建立共同的信仰和价值观：团体规范的制定和维持离不开共同的信仰。团体领导、体育教师和教练员应注意加强对团体成员的思想教育和引导，建设团队核心价值观。通过宣传教育和各种形式的互动，确保团体成员有共同的信念、理念和价值观。共同的价值观是团体凝聚力的重要支撑。这种共同的价值观可以是道德观、人生观、文化观等方面的共识。当团体成员拥有相同的价值观时，他们在行动中会更加协调一致，相互配合更加默契，从而增强团体凝聚力。

共同的愿望和目标：共同的愿望和目标是团体凝聚力的基础。只有当

---

[1] 李炳全, 张旭东. 试论具身认知科学的典型理论特色[J]. 心理学探新, 2015, 35 (3): 207-211.

团体成员拥有共同的愿望和目标时,才能真正形成集体意识和集体行动。

明确的目标和任务:团体的目标和任务必须清晰明确,并能考虑到成员的利益,每个成员都应该知晓自己为何及如何投入这个团体中。

良好的团体氛围:可以通过设置互动游戏、故事分享、聚餐和其他社交活动来提高成员的参与度,增进团体成员的互动和交流,团体成员共同努力,共建和谐、积极向上的团体氛围,以增强团体认同感。

完善的激励机制:建立公平、公正、公开的奖惩激励机制,可以更有效地提高团体成员的团体认同度。

团体成员的角色认同

团体成员对自己在团体中的角色作用的明确程度会影响团体凝聚力。在不同的运动项目中,由于比赛规则、团体组织结构等因素,每位成员都有相对应的角色(场位角色或组织角色)。例如,排球中的主攻手对二传手的糟糕传球感到不满,教练就可以让主攻手在训练中担当二传手,让主攻手明白二传手要为自己提供合适击球位置的难度有多大。实践表明,成员对其角色的认识越清晰,其角色行为发挥作用的效果越好,运动队的凝聚力就越强。[1]这就要求团体成员要深刻意识到团结的重要性,对自己的角色分工要有责任感。在体育教学和运动训练中,要采取措施提高团体成员的团结意识,做到"人民有信仰,国家有力量,民族有希望"。团体领导者、教练员和体育教师必须使学生充分了解自己在集体活动中所扮演的角色和所承担的职责,提高他们对角色的接受程度,从而驱动学生做出恰当的角色行为,最终改善集体活动的效率。

2. 情感

情感是在生活现象与人心的相互作用下产生的感受,团体成员对团体和团体成员之间的情感影响团体凝聚力。有学者认为,团队凝聚力的形成

---

[1] 欧胜虎,符明秋.运动队的群体凝聚力研究综述[J].首都体育学院学报,2007,19(6):43-46.

是一个多层次、动态的过程，底层凝聚力应以情感互动为基础，在此基础上向统一价值观过渡，最终实现共同奋斗目标的上层凝聚力。[①]

民族传统体育源于民众生活并扎根其中，具有丰富多彩、文化多样、内容广泛、深刻而丰富的特点，展示了鲜明的民族特色，是反映与承载民族共同心理和种群特色的传统体育文化形态，历代相传、源远流长。中国传统文化强调"类同相感、声同则应"，只有同感，才能共鸣。提高团体凝聚力，需要以人为本，充分尊重人的情感需要，突出成员的主体地位，体现对个体尊重和全面发展的需求，建立信任和尊重，形成"休戚与共"的情感共同体理念，同呼吸、共命运、心连心，营造情感共鸣。以"四个共同"的"有感"化实践，深化团体凝聚力培养；深化各族群众共居、共学、共事、共乐的各类平台建设，在"共同团结奋斗、共同繁荣发展"的社会主义现代化伟大进程中，形成"你中有我，我中有你"的多元一体的大家庭，扎牢各族群众团结统一、守望相助、手足情深的情感纽带，增强对中华民族共同体的认同感、归属感和自豪感。

团体成员对团体的依赖在很大程度上取决于团体对成员心理需要的满足状况。民族传统体育可以满足团体成员的基本心理需要：自主需要、归属需要和胜任需要，提高满意度，进而提高团体凝聚力。

给予自主权，满足团体成员的自主需要。民族地区民间自主建构的体育组织贵州"村超"是老百姓自发组织开展的乡村社区体育赛事，生动诠释了人民民主实践在榕江及贵州大地是如何开花结果的。群众主创、全民参与，"村超"的主角是群众。"村超"的主办单位是榕江县足球协会，承办单位是榕江县三宝侗学会，赛事的队伍组织、赛程安排、晋级规则、节目表演、奖励奖品由民间自发组织、自行决定、自行实施。[②] 政府则专

---

① 刘一民，王清玉，李大新. 论我国运动员的精神动力 [J]. 北京体育大学学报，2004，27（7）：891-893.

② 榕江县人大常委会代表服务中心. 贵州"村超"丨全过程人民民主的生动实践 [EB/OL]. (2023-07-04) [2023-09-01]. http://www.gzrd.gov.cn/xwzx/sxrd/202307/t20230704_80669694.html.

注于干好赛场下的活，在场地、电力、通信、安保和环卫等方面，提供细致周到的后勤保障服务。在"村超"现场，人人都是主角，人人都是巨星，人人都在发光，满足了人民群众当家作主的自主需要，形成了强大的凝聚力。在体育教学和全民健身领域，由学生和锻炼者根据自己的兴趣和爱好，自主选择喜欢的项目，自主选择参与的团体和锻炼同伴，自主确定锻炼的强度、时间和场地。在体育教学或运动训练中，进行小组合作学习，自主组建学习小组，选择志趣相投的同伴，营造愉悦的情感氛围。

满足团体成员的归属需要。在团队中，领导者应该让团队成员感受到自己的重要性和价值，给予他们充分的关注和支持。同时，领导者还应该让团队成员感受到团队的重要性和价值，使团体成员明晰个体与团体是舟与船的关系。爱国是中华民族精神的核心，正如经典歌曲《大海航行靠舵手》中的歌词"鱼儿离不开水呀，瓜儿离不开秧"，以及歌曲《国家》中的歌词"家是最小国，国是千万家！有了强的国，才有富的家。国的家住在心里，家的国以和矗立。……国与家连在一起，创造地球的奇迹"，这些都启示我们要建立"荣辱与共"的利益共同体理念，使团体成员认同团体的目标和使命，从而增强他们的归属感。

团体与团体成员的关系一如中华民族和各民族的关系，形象地说，是一个大家庭和家庭成员的关系，家庭成员的归属感是团结和睦的重要因素。中华民族是一个大家庭，一家人都要过上好日子。增强对中华民族的归属感，要坚持以人民为中心的发展思想，坚持各民族共同团结奋斗、共同繁荣发展，不断提高各族群众的获得感、幸福感和安全感。要构筑中华民族共有精神家园，使各民族人心归聚、精神相依，形成人心凝聚、团结奋进的强大精神纽带。促进各民族在理想、信念、情感和文化上的团结统一，守望相助、手足相亲，在中华民族大家庭中像石榴籽一样紧紧抱在一起。

在体育教学和运动训练中，团体意识并不排斥个人意识，但个体必须与团体保持一致。团体是个体的根本，个体要有全局观念，在集体活动中感受集体的力量，为共同的目标并肩作战，培养成员的团体意识就是培养体育品德核心素养。

　　小组合作学习是近年来高效课堂中积极倡导的学生有效学习的方式之一，在体育教学或运动训练中，多进行集体性的体育游戏，借助小组的各种力量，促进个人发展、个人与社会关系调适，以及其他有益于社会的目的的达成，通过体育训练这一特性来使组员获得个人发展能力、社会交往能力和自信心、主动性的提升。通过对价值观、态度、心智及情绪的交互影响，能够加强个体间的情感沟通和信息交流，增强团队成员的归属感和凝聚力。同时，还能够扩大团体的社会关系网络，获得更多的社会资源和支持。

　　满足团体成员的胜任需要。团队效能是指集体对能够激发动机、调动资源，并通过采取必要行动来取得特定成就的共同信念。研究显示，集体能够生成更大的信心，且在决策上要优于个体，能够坚定完成任务、取得成就。俗话说，"三个臭皮匠，顶个诸葛亮"，三个才能平庸的人在一起，若能齐心协力、集思广益，也能想出比诸葛亮还要周全的计策。再如歌曲《一根竹竿容易弯》中的"一根那个竹竿容易弯啰嗬，三缕哟麻纱呀扯脱难……不怕力小怕孤单哟，众人合伙金不换"，都是在告诉人们"团结就是力量"的道理。不同背景、不同能力的团体成员只有融为一体时，才能摆脱无力感，实现更高的绩效。一般来说，积极心理状态具有一定的"溢出效应"，一个人在对待他人与外物时的积极心理状态可能会影响其他成员，外溢到所在团体。作为一种弥漫性的教育方式，团体凝聚力可以营造积极的心理文化氛围，提升体育团体对自己、他人和团体完成某项任务可能性的评估水平。对于那些缺乏自信心的成员，团体领导应积极引导，通过谈话、思想交流和鼓励，帮助成员重拾信心，不断挑战自我。

　　在体育教学或运动训练中，体育教师或教练员应向学生或队员教授目标设置的方法，设置"以过程定向为主、结果定向为辅"的目标，依据竞技水平、训练年限等因素的不同，创设不同情境，增强学生的成功体验，使他们在全力以赴实现目标的过程中，不断提高自我效能感，有机会成为团队核心或主力，有机会参加重要的比赛并取得好成绩，获得更多的奖金使生活更有保障，获得成就而实现自我价值等，增强自豪感。当团体满足了成员的基本心理需求时，就会提高成员的满意度，从而加强他们对"我们同属一个群体"的认同感和对团体的信任感。

满足个体需求程度越高，团体对个体的吸引力就越大，个人对团体的依赖性就越强，团体凝聚力越高。

3. 行为

习近平总书记指出，民族团结是我国各族人民的生命线，中华民族共同体意识是民族团结之本。要加强各民族交往、交流和交融，逐步实现各民族在空间、文化、经济、社会和心理等方面的全方位嵌入，促进各民族在理想、信念、情感和文化上的团结统一，守望相助、手足情深，促进各民族在中华民族大家庭中像石榴籽一样紧紧抱在一起，共同团结奋斗、共同繁荣发展。推进中华民族共有精神家园建设，促进各民族交往、交流和交融，各项工作都要往实里抓、往细里做，要有形、有感、有效[①]。在"有形"上用心、"有感"上用情、"有效"上用力，才能使各族人民生活相依、情感相融、心灵相通，树立正确的中华民族历史观，不断增进对伟大祖国、中华民族、中华文化、中国共产党、中国特色社会主义的认同，牢固树立休戚与共、荣辱与共、生死与共、命运与共的共同体理念，形成各族人民心往一处想、劲往一处使的生动局面，汇聚起实现中华民族伟大复兴的磅礴力量。

促进交往、交流和交融的互动是提高团体凝聚力的最佳方法。近年来，身体与环境的互动、个体认知过程中的情境因素已逐渐成为具身认知领域

[①] 习近平在参加内蒙古代表团审议时强调 不断巩固中华民族共同体思想基础 共同建设伟大祖国 共同创造美好生活 [EB/OL]．[2022-03-05]．央视网，http://news.cctv.com/2022/03/05/AR-TI16MeLfMoAUOQemqA4w9u220305.shtml．

的研究热点。[1]具身认知理论强调积极参与互动，开放感知觉通道，具身认知的参与性、体验性与王阳明的"知行合一"相契合，为提高团体凝聚力指明了方向。要想提高团体凝聚力，除了要紧密结合方针政策中的宏大愿景和总体目标外，还应切实于重在身体、重在日常、重在细节的传播探索，切入基于生活化、共享化、实用化的有效路径[2]，在认识上相互启发，在情感上相互理解支持，在行为上沉浸式体验。有研究发现，参与一个以文化为基础的项目，可以加强城市土著青少年的文化认同、自尊和适应力。[3]

节庆体育是有效推动各民族在空间、文化、经济、社会、心理等多方面全方位嵌入的重要载体，通过参与、投入、享受、传播的互动，提高团体凝聚力。

在民族传统体育团体中，通过互动（讨论、有意义的集体活动、比赛、教练员的主动与主导作用、教练员有意识地引导队员之间直接或间接的交流、形成良好的人际关系与交流互动的氛围），可以增强队员之间的认同感，增强队员的集体归属感和集体荣誉感，产生互补性帮助，减少队员间的攻击性心理和行为，能使教练员及时发现并处理问题，进而提升团体凝聚力。[4]

以互动增强队员之间的认同感。加强有效沟通，提升教练与队员和队员与队员之间的互动，是团体成员之间团结合作的基础。教练要清楚地向队员传达目标、标准和期望，指导、鼓励、约束、组织和提供反馈。对于团体项目来说，沟通与信任更是决定凝聚力和运动成绩的关键性因素。在

---

[1] 黎晓丹,叶浩生,丁道群.通过身体动作理解人与环境:具身的社会认知[J].心理学探新, 2018, 38 (1): 20-24.

[2] 白晋湘,郑健.交往交流交融:苗疆传统体育铸牢中华民族共同体意识的三重路径[J].体育学刊, 2022, 29 (1): 1-8.

[3] Hunter A, Carlos M. Muniz F B, et al. Participation in a culturally grounded program strengthens cultural identity, self-esteem, and resilience in urban indigenous adolescents [J]. American Indian and Alaska native mental health research: Journal of the National Center, 2022, 29 (1): 1-21.

[4] 游佐华,汪焱.互动——提高团队凝聚力的最佳方法[J].体育成人教育学刊, 2004 (S1): 9-10.

面对挫折时，队友间的安慰和鼓励会增强团队归属感。在节庆体育温馨友爱的人文环境中，在互动的情况下，团体成员与成员之间、成员与教练之间的充分交流能够减少成员的焦虑，增进彼此之间的信任感和认同感，达成共同的集体奋斗目标。

以互动产生互补性帮助。俗话说，"三个臭皮匠，顶个诸葛亮"，阐释了"团结就是力量"及"1+1>2"的效果。每个人都有各自的优点和不足，在训练、比赛中，团体成员之间通过互动，相互了解、相互包容、集体协调、配合默契是实现团体目标的必备条件。团体成员需要耗费时间和精力，与团体内部的其他成员共同合作，一起为了共同的目标付诸努力，从而达到目的或者取得相应的成就，只有这样，才有利于提升团队成员与其他成员相似性的感受，团体成员才更有可能体验到团体认同感。[1]

以互动减少队员间的攻击型心理与行为。当团体内部开展竞争时，就会产生压力和威胁。团体成员之间的互动能够使队员减少内部分歧，降低竞争带来的负面影响，减少团体内部的攻击性心理和行为，使队员能够忠于自己的团体，自觉维护团体利益，一致对外，以避免自己的团体受损、受挫。这样，团体成员的关系更加密切，同舟共济、共赴使命，团体的凝聚力也就得以加强。

以互动使教练员及时发现并处理问题。在运动训练中，队员与教练之间的互动能使教练及时了解和掌握队员的思想状况，以便教练及时做出相应的对策来调节队员的思想状态和精神状态，使队员之间能够保持良好的人际关系，尽量克服和缓解团队内部存在的矛盾与冲突，从而最大限度地提高团体凝聚力。

---

[1] 栾琨,谢小云.国外团队认同研究进展与展望[J].外国经济与管理,2014,36(4):57-64.

第五章　结语

习近平总书记强调，全国各族人民像爱护自己的眼睛一样爱护民族团结，像珍视自己的生命一样珍视民族团结。提高团体凝聚力是促进民族团结的重要手段，也是体育团体健康、持续、稳定发展的关键，其形成、发展与维系都是一个极其复杂的过程，不能一蹴而就。民族传统体育是提高团体凝聚力、铸牢中华民族共同体意识的重要载体之一，应优化民族传统体育发展的宏观环境，从制度保障、物质条件、价值取向和科技支撑四个方面提高团体凝聚力，尤其是加强文化认同。建立"家校社一体化"的传承体系，突出民族传统体育的育人功能。民族传统体育要坚持开放、包容，以我为主，兼收并蓄，提升接触质量，推进跨民族友谊。[①]"泰山不让土壤，故能成其大；河海不择细流，故能就其深。"包容普惠、互利共赢才是人间正道。民族传统体育所具有的政治功能、经济功能、文化功能和社会功能等维度为提高团体凝聚力提供了工具性支撑，进而为建设中华民族共同体贡献力量。

---

① 管健,方航.铸牢中华民族共同体意识的结构面向与心理路径 [J].西北民族研究,2020 (4)：17-21.